高职高专商务数据分析与应用专业系列教材

商务数据分析基础

重庆翰海睿智大数据科技股份有限公司 组编

主　编　王　磊　卢　山　何志红
副主编　陈　刚　陈　飞　付　雯
参　编　王秀君　钟林江　田荣明
　　　　夏先玉　李艳花　张运来　孙二华

机械工业出版社

本书立足商务数据分析与应用的实践操作，分为商务数据分析基础知识和商务数据分析流程操作实践两大部分。商务数据分析基础知识部分包括商务数据分析概述、商务数据分析方法和工具及商务数据分析在市场、产品、运营、客户四个方面的应用，全面介绍了数据分析的基本概念、思维方法、常用分析流程、分析方法、常用工具和商务数据分析应用；商务数据分析流程操作实践部分包括数据处理、数据分析、数据展示、撰写分析报告四个方面，以理论联系实际案例的方式培养读者的商务数据分析与应用能力。

本书结构清晰，内容简明扼要，从基础知识到实战应用，力求理论联系实际，具有非常强的实用性，突出了职业教育新商科教学的"课、岗、赛、训"融合开发教材的理念。

本书可作为高职高专院校商务数据分析与应用、电子商务、市场营销等商科类专业的学生用书，也可作为期望成为商务数据分析与应用领域的从业人员的自学参考用书。

图书在版编目（CIP）数据

商务数据分析基础／重庆翰海睿智大数据科技股份有限公司组编；王磊，卢山，何志红主编. —北京：机械工业出版社，2021.2（2025.4重印）

高职高专商务数据分析与应用专业系列教材

ISBN 978-7-111-67431-3

Ⅰ. ①商… Ⅱ. ①重… ②王… ③卢… ④何… Ⅲ. ①电子商务-数据处理-高等职业教育-教材 Ⅳ. ①F713.36 ②TP274

中国版本图书馆 CIP 数据核字（2021）第 019095 号

机械工业出版社（北京市百万庄大街22号　邮政编码100037）
策划编辑：乔　晨　　责任编辑：乔　晨　张美杰
责任校对：高亚苗　　封面设计：鞠　杨
责任印制：张　博
北京建宏印刷有限公司印刷
2025年4月第1版第8次印刷
184mm×260mm・8印张・193千字
标准书号：ISBN 978-7-111-67431-3
定价：43.00元

电话服务　　　　　　　　网络服务
客服电话：010-88361066　　机　工　官　网：www.cmpbook.com
　　　　　010-88379833　　机　工　官　博：weibo.com/cmp1952
　　　　　010-68326294　　金　书　网：www.golden-book.com
封底无防伪标均为盗版　机工教育服务网：www.cmpedu.com

前 言

在信息化高速发展的时代背景下,企业积累的客户数据、交易数据、管理数据等呈爆炸式增长。麦肯锡数据显示,当企业将数据和分析深入结合到业务中时,其生产率和盈利率比竞争对手高出5%~6%。如何有效运用数据,通过数据分析为企业带来更大的经济效益,成为各个企业面临的挑战。

近年来,商务数据分析领域逐渐得到了学术界、企业界和政府的高度重视。在学术界,自纽约大学2013年开设商业分析专业(Business Analytics)硕士课程以来,欧美各大名校陆续增设相关专业,国内知名学府也纷纷成立数据研究机构;在企业界,越来越多的互联网企业增设"数据科学家""数据分析师"等岗位,国内互联网巨头BAT [百度公司(Baidu)、阿里巴巴集团(Alibaba)、腾讯公司(Tencent)三大巨头首字母缩写] 利用自身数据优势,通过自有数据研究中心,发布各类分析报告与数据产品,唤醒与挖掘数据的潜在价值;政府方面,鼓励企业开展数据化运营,支持"数据驱动型"的新型企业,如新加坡和澳大利亚政府直接拨款赞助成立商业数据分析部门的企业。

高等职业院校是商务数据分析行业人才的"蓄水池",其发展也要适应变化,与时俱进,主动对接企业对数据分析人才的需要。在此背景下,2016年教育部根据《普通高等学校高等职业教育(专科)专业设置管理办法》,在相关学校和行业提交增补专业建议的基础上,确定将"商务数据分析与应用"专业设为电子商务专业大类下的增补专业,折射出商务数据分析的重要性。

目前,各企业可选择的数据运营工具繁多,数据分析的教学内容在许多专业课中均有所涉及,但总体而言缺乏整体观与系统性,学生无法对商务数据分析与应用形成较为整体与全面的认识。本书在内容设计上,以教育部高职高专工商管理类教学指导委员会发布的《商务数据分析与应用专业人才PGSD能力标准》为依据(其中,PGSD中的P表示职业能力,G表示通用能力,S表示社会能力,D表示发展能力),结合高职院校人才培养目标,全面介绍商务数据分析涉及的原理、方法、常用工具、典型数据分析场景应用。本书主要内容包括:商务数据分析概述(思维方法、分析流程),商务数据分析方法和工具(数据采集、数据存储查询、数据分析、数据可视化),商务数据分析应用(市场分析、客户分析、产品分析、运营分析),以及如何利用分析软件对商务数据分析流程中涉及的数据处理、分析实例进行操作。

为方便教学,本书配备了电子课件等教学资源。凡选用本书作为教材的教师,均可登录机械工业出版社教育服务网 www.cmpedu.com 免费下载。如有问题,请致电010-88379375,服务QQ:945379158。

编 者

目 录

前言

第1章 商务数据分析概述

1.1 数据分析与商务数据分析的定义 // 001
1.2 思维方法 // 001
1.3 分析流程 // 003
1.4 统计学基本概念 // 006
课后练习 // 009

第2章 商务数据分析方法和工具

2.1 分析方法 // 010
2.2 工具 // 011
课后练习 // 030

第3章 商务数据分析应用

3.1 市场分析 // 031
3.2 产品分析 // 038
3.3 运营分析 // 046
3.4 客户分析 // 048
课后练习 // 054

第4章 数据处理

4.1 数据清洗 // 056
4.2 数据加工 // 059
4.3 数据修整 // 064
课后练习 // 068

第 5 章 数据分析

5.1 数据分析基本方法 // 069
5.2 描述性统计 // 073
5.3 动态数列分析 // 081
5.4 相关分析与回归分析 // 084
5.5 综合评价分析法 // 091
5.6 四象限分析法 // 092
课后练习 // 095

第 6 章 数据展示

6.1 统计表 // 099
6.2 统计图 // 101
课后练习 // 112

第 7 章 撰写分析报告

7.1 分析报告概述 // 115
7.2 分析报告的结构、撰写原则及注意事项 // 117
课后练习 // 120

参考文献 // 121

第1章
商务数据分析概述

1.1 数据分析与商务数据分析的定义

1.1.1 数据分析的定义

简单地说,数据分析指对大量数据进行整理后,利用适当的统计分析方法和分析工具,对处理过的数据进行分析,形成有效结论的过程。数据分析的结果呈现往往是一个个数据或一张数据表。

数据分析多是通过软件来完成的。这就要求我们不仅要掌握各种数据分析的原理和方法,还要熟悉分析软件的操作。

1.1.2 商务数据分析的定义

商务数据分析是基于盈利目的,将业务问题转化为数据问题,有目的地对数据进行收集、整理、加工和分析,将隐藏在数据背后的信息提炼出来,并加以概括总结的过程。商务数据分析的结果需要回归到实际业务中解读。

商务数据分析流程主要包括明确分析目的与框架、数据收集、数据处理、数据分析、数据展示和撰写报告等环节。

案例:某公司新入职两位数据分析专员——张三和李四,某日领导给了他们一份数据集(该公司电商购物数据),并让他们做个报告。其中,张三对着这个数据集直接计算RFM三个指标,并将三个指标切成五段,做个k均值聚类,分成四类。然后,直接将结果发给领导;而李四先拿着数据去咨询销售部、市场部、运营部等各部门负责人,了解数据背后的业务逻辑,将业务理顺之后,运用数学、统计学、算法等分析手段,计算出RFM聚类模型,再与具体商业环境结合,解释最终的结果。

对于张三而言,他的行为是放大了商务数据分析中的"分析",忽视,甚至无视"商务"的结果,所以他只能是数据分析师;而李四先将商务问题转化为数据报表,得出结果之后再应用到实际的商务环境中,是一名合格的商务数据分析师。

1.2 思维方法

1.2.1 对比法

对比法就是将两组或两组以上的数据进行比较的方法,是最通用的方法。

我们知道，孤立的数据没有意义，有对比才有差异。一些直接描述事物的变量，如长度、数量、高度、宽度等，通过对比得到比率数据，如增速、效率、效益等指标，这样的数据才是数据分析时常用的。

比如用于在时间维度上的同比和环比、增长率、定基比，与竞争对手的对比、类别之间的对比、特征和属性对比等。使用对比法可以发现数据变化规律，使用频繁，经常和其他方法搭配使用。

在图1-1所示的A、B两公司销售额对比中，虽然A公司销售额总体上涨且高于B公司，但是B公司的增速迅猛，高于A公司，即使后期增速下降了，最后的销售额还是超过了A公司。

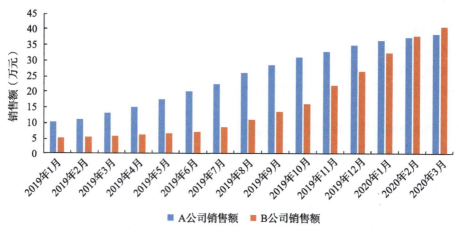

图1-1　A、B两公司销售额分析

1.2.2　分类法

客户分群、产品归类、市场分级、绩效评价……许多事情都需要有分类的思维。主管拍脑袋也可以分类，通过机器学习算法也可以分类，那么许多人就模糊了，到底分类法怎么应用呢？

关键点在于，分类后的事物需要在核心指标上能拉开距离。也就是说，分类后的结果，必须是显著的。如图1-2所示，横轴和纵轴往往是运营当中关注的核心指标（当然不限于二维），而分类后的对象，其分布不是随机的，而是有显著的集群的倾向。

假设图1-2反映了某个消费者分群的结果，横轴代表购买频率，纵轴代表客单价，那么颜色最深的这群人，就是明显的"剁手金牌客户"。

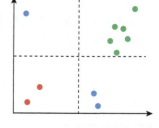

图1-2　消费者分群示例图

1.2.3　漏斗法

漏斗法即漏斗图，有点像倒金字塔，是一个流程化的思考方式，常用于新用户的开发、购物转化率这些有变化和一定流程的分析。

图1-3是经典的营销漏斗图，它形象地展示了从挑选商品到最终购买商品这整个流程中

的一个个子环节。相邻环节的转化率就是指用数据指标来量化每一个步骤的表现。所以整个漏斗模型就是先将整个购买流程拆分成一个个步骤，然后用转化率来衡量每一个步骤的表现，最后通过异常的数据指标找出有问题的环节，从而解决问题，优化该步骤，最终达到提升整体购买转化率的目的。

漏斗模型的核心思想其实可以归为分解和量化。比如分析电商的转化，我们要做的就是监控每个层级上用户的转化情况，寻找每个层级的可优化点。对于没有按照流程操作的用户，专门绘制他们的转化模型，缩短路径以提升用户体验。

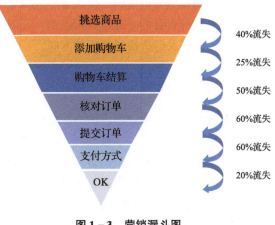

图1-3 营销漏斗图

不过，单一的漏斗法是没有用的，不能得出什么结果，要与其他方法相结合，如对比法等。

1.2.4 闭环法

闭环的概念可以引申到很多场景中，比如业务流程闭环、用户生命周期闭环、产品功能使用闭环、市场推广策略闭环等。闭环法如图1-4所示。

业务流程的闭环是管理者比较容易定义的，列出公司所有业务环节，梳理出业务流程，然后定义各个环节之间相互影响的指标，跟踪这些指标的变化，就能从全局上把握公司的运行状况。

比如，一家软件公司的典型业务流：推广行为（市场部）→流量进入主站（市场+产研）→注册流程（产研）→试用体验（产研+销售）→进入采购流程（销售部）→交易并部署（售后+产研）→使用、续约、推荐（售后+市场）→推广行为。一个闭环下来，各个衔接环节的指标就值得关注了：广告点击率→注册流程进入率→注册转化率→试用率→销售各环节转化率→付款率→推荐率/续约率……这里会涉及漏斗思维，如前文所述，千万不要用一个漏斗来衡量一个循环。

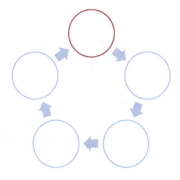

图1-4 闭环法示例图

有了闭环思维，能比较快地建立有逻辑关系的指标体系。

1.3 分析流程

1.3.1 需求分析

首先要明确数据分析的目的，只有明确目的，数据分析才不会偏离方向，否则得出的数据分析结果没有指导意义。

当分析目的明确后，我们需要对思路进行梳理，并搭建分析框架，然后把分析目的分解成若干个不同的分析要点，也就是说，要明确：该如何具体开展数据分析？需要从哪几个角度进行分析？采用哪些分析指标？采用哪些逻辑思维？运用哪些理论依据？

明确数据分析目的并确定分析思路，是确保数据分析过程有效进行的先决条件，它可以为数据收集、处理及分析提供清晰的方向。

1.3.2 数据收集

数据收集是按照确定的数据分析框架，收集相关数据的过程，它为数据分析提供了素材和依据。这里的数据包括一手数据与二手数据。

一手数据是指通过访谈、询问、问卷、测定等方式直接获得的数据，因此一手数据也称原始数据。其优点有：可以回答二手数据不能回答的具体问题；更加及时和可信；保密性更强（一手数据是公司自己收集的，是属于公司的，便于保密）。

二手数据是指通过网络、媒介、统计机构等获取的经过加工整理后的数据。它是相对于原始数据而言的，指那些并非为正在进行的研究而是为其他目的已经收集好的统计资料。因此，二手数据也称为次级数据。其优点有：成本低、易获取，能为进一步原始数据的收集奠定基础等。

获取一手数据的方法有调查法、实验法、报告法和自动生成法。

1. 调查法

调查法可细分为现场调查法和访问调查法。

（1）现场调查法是指调查人员凭借自己的眼睛或借助摄录像器材，在调查现场直接记录正在发生的市场行为或状况的一种有效的收集资料的方法。其特点为被调查者是在不知情的情况下被调查的。

（2）访问调查法是指通过对调查者提问，根据被调查者的答复取得资料的一种调查方法。其特点为资料准确、全面，但是实施起来需要较高的人力成本。访问调查法可细分为：直接访问法、堵截访问法、电话访问法、固定样本调查法。

2. 实验法

实验法是指将调查对象放在统一条件下进行实验以获得所需数据的方法。

3. 报告法

报告法是指调查单位或报告单位利用各种原始记录、基层统计台账和有关核算资料作为报告依据，按照隶属关系，逐级向有关部门提供统计资料的方法。

我国在全国范围内实施的统计报表制度，就是用这种方法来取得资料的。这种调查是各地区、各部门、各单位按照《统计法》的规定，必须对国家履行的一种义务。其特点有：具有统一项目、统一表式、统一要求和统一上报程序；能够进行大量调查；如果报告系统健全，原始记录和核算资料完整，就可以取得比较精确而可靠的资料；可以促进被调查单位建立健全原始记录和核算资料；在被调查单位的有关利益可能受到影响时，容易出现虚报或瞒报现象。

4. 自动生成法

自动生成法是指用传感器、摄像头等自动收集数据的方法。电子商务在线交易日志数据、应用服务器日志数据和自动保存的数据都是自动生成的数据。

获取二手数据的渠道主要有两类：企业内部和企业外部。

企业内部可获取的数据有：营销资料（不同产品、时期、顾客、分销渠道的销售记录及市场占有率等）、业务资料（订货单、进货单、发货单、销售记录等）、统计资料（统计报表、企业销售、库存等数据资料）、财务资料（财务报表、会计核算、产品价格、成本等资料）、顾客资料（顾客档案、服务记录、退货信息等）。

企业外部指互联网、行业协会和商会、政府机构、新闻媒体、调研机构和公司、消费者组织等。

1.3.3 数据处理

数据处理是指对采集到的数据进行加工整理，形成适合数据分析的样式，保证数据的一致性和有效性的过程。它是数据分析前必不可少的阶段。

数据处理的基本目的是从大量的、杂乱无章、难以理解的数据中抽取并推导出对解决问题有价值、有意义的数据。如果数据本身存在错误，那么即使采用先进的数据分析方法，得到的结果也是错误的，不具备任何参考价值，甚至还会误导决策。

数据处理主要包括数据清洗、数据转化、数据抽取、数据合并、数据计算等处理方法。一般的数据需要进行一定的处理才能用于后续的数据分析工作。即使是"干净"的原始数据，也需要先进行一定的处理才能使用。

1.3.4 数据分析

数据分析是指用适当的分析方法及工具，对收集来的数据进行分析，提取有价值的信息，形成有效结论的过程。

在确定数据分析思路阶段，数据分析师就应当为需要分析的内容确定适合的数据分析方法。这项工作做好了，数据分析师就能够驾驭数据，从容地进行分析和研究了。

一般的数据分析，我们可以通过 Excel 完成，而高级的数据分析就要采用专业的分析软件进行，如数据分析工具 SPSS、SAS、Python、R 语言等。

1.3.5 数据呈现

通过数据分析，隐藏在数据内部的关系和规律就会逐渐浮现出来，那么通过什么方式来展现这些关系和规律，才能让别人一目了然呢？一般情况下，数据是通过表格和图形的方式来呈现的，即用图表说话。

常用的数据图表包括饼图、柱形图、条形图、折线图、散点图、雷达图等，当然可以对这些图表进一步整理加工，使之变为我们需要的图形，如金字塔图、矩阵图、瀑布图、漏斗图、帕累托图等。

多数情况下，人们更愿意接受图形这种数据展现方式，因为它能更加有效、直观地传达分析师的意图。一般情况下，能用图说明问题的，就不用表格；能用表格说明问题的，就不用文字。

1.3.6 报告撰写

数据分析报告其实是对整个数据分析过程的一个总结与呈现。通过报告，把数据分析的起因、过程、结果及建议完整地呈现出来，以供决策者参考。所以数据分析报告是通过对数据全方位的科学分析来评估企业运营质量，为决策者提供科学、严谨的决策依据，以降低企业运营风险，提高企业核心竞争力。

一份好的分析报告，首先需要有一个好的分析框架，并且层次明晰、图文并茂，能够让读者一目了然。结构清晰、主次分明可以使读者正确理解报告内容；图文并茂，可以令数据更加生动活泼，提高视觉冲击力，有助于读者更形象、直观地理解问题和结论。

其次，需要有明确的结论。没有明确结论的分析称不上分析，同时也失去了报告的意义，因为最初就是为寻找或者求证一个结论才进行分析的，所以千万不要舍本求末。

第三，一定要有建议或解决方案。决策者需要的不仅仅是找出问题，更重要的是建议或解决方案，以便他们在决策时参考。所以，数据分析师不只需要掌握数据分析方法，还要了解和熟悉业务，这样才能根据发现的业务问题，提出具有可行性的建议或解决方案。

1.4 统计学基本概念

数据分析是统计学中的重要内容，也是统计学的扩展。因此，在学习数据分析之前，我们需要了解一些统计学中的基本概念。

1. 绝对数和相对数

绝对数是反映客观现象总体在一定时间、一定地点的总规模、总水平的综合性指标，也是数据分析中常用的指标，如年 GDP、总人口等。

相对数是指由两个有联系的指标计算而得出的数值，它是反映客观现象之间数量联系紧密程度的综合指标。相对数一般以倍数、百分数等表示。相对数的计算公式：相对数 = 比较值（比数）/ 基础值（基数）。

2. 百分比和百分点

百分比是相对数中的一种，它表示一个数是另一个数的百分之几，也称为百分率或百分数。百分比用1%作为度量单位。

百分点是指不同时期以百分数的形式表示的相对指标的变动幅度，1%等于1个百分点。

3. 频数和频率

频数是指一个数据在整体中出现的次数。

频率是指某一事件发生的次数与总的事件数之比。频率通常用比例或百分数表示。

4. 比例与比率

比例是指在总体中各数据占总体的比重，通常反映总体的构成和比例，即部分与整体之间的关系。

比率是指样本（或总体）中各不同类别数据之间的比值，由于比率不是部分与整体之间的对比关系，因而比值可能大于1。

5. 倍数和番数

倍数用一个数据除以另一个数据而获得。倍数一般用来表示上升、增长的幅度，一般不表示减少的幅度。

番数指原来数量的2的n次方。

6. 同比和环比

同比指的是与历史同时期的数据相比较而获得的比值，反映事物发展的相对性。

环比指与上一个统计时期的值进行对比获得的值，主要反映事物的逐期发展情况。

7. 变量

变量来源于数学，是计算机语言中能储存计算结果或表示值的抽象概念。变量可以通过变量名访问。

8. 连续变量

在统计学中，变量按变量值是否连续可分为连续变量与离散变量两种。在一定区间内可以任意取值的变量称为连续变量，其数值是连续不断的，相邻两个数值可作无限分割，即可取无限个数值，如体重等变量。

9. 离散变量

离散变量的各变量值之间都是以整数断开的。例如人数、工厂数、机器台数等，都只能按整数计算。离散变量的数值只能用计数的方法取得。

10. 定性变量

观测的个体只能归属于几种互不相容类别中的一种时，一般用非数字来表达其类别，这样的观测数据称为定性变量，又称为分类变量。定性变量可以理解成可以分类别的变量，如学历、性别、婚否等。

11. 均值

均值（平均数）是表示一组数据集中趋势的统计量，是指在一组数据中所有数据之和除以这组数据的个数得到的结果。

12. 中位数

对于有限的数集，可以通过把所有观察值按由大到小的顺序排序后找出正中间的一个作为中位数。如果观察值有偶数个，通常取最中间的两个数值的平均数作为中位数。

13. 缺失值

缺失值指的是现有数据集中某个或某些属性的值是不齐全的。

14. 缺失率

某属性的缺失率＝数据集中某属性的缺失值个数/数据集总行数。

15. 异常值

异常值指一组测定值中与平均值的偏差超过两倍标准差的测定值。与平均值的偏差超过3倍标准差的测定值，称为高度异常的异常值。

16. 方差

方差是在概率论和统计学中衡量随机变量或一组数据的离散程度的统计量。在概率论中，方差用来度量随机变量和其数学期望（均值）之间的偏离程度。统计学中的方差（样本方差）是每个样本值与全体样本值的平均数之差的平方值的平均数。在许多实际问题中，研究方差有重要意义。方差是衡量源数据和期望值相差程度的指标。

17. 标准差

标准差又常称均方差，是离均差平方的算术平均数的平方根，用 σ 表示。标准差是方差的算术平方根。标准差能反映一个数据集的离散程度。平均数相同的两组数据，标准差未必相同。

18. 相关系数

相关系数是最早由统计学家卡尔·皮尔逊设计的统计指标，是研究变量之间线性相关程度的量，一般用字母 r 表示。r 的绝对值越大，表明相关性越强。由于研究对象的不同，相关系数有多种定义方式，较为常用的是皮尔逊相关系数。

19. 皮尔逊相关系数

皮尔逊相关系数是用来反映两个变量线性相关程度的统计量。

20. 特征值

特征值是线性代数中的一个重要概念，在数学、物理学、化学、计算机等领域有着广泛的应用。设 A 是矢量空间的一个线性变换，如果空间中某一非零矢量通过 A 变换后所得到的矢量和 X 仅差一个常数因子，即 $AX=kX$，则称 k 为 A 的特征值，X 称为 A 的属于特征值 k 的特征矢量。

21. 统计总体与统计个体

统计总体（简称总体）是由客观存在的，在某些性质上相同的众多个体集合的整体，如重庆市所有的高校。

统计个体（简称个体）是构成统计总体的一个个单位，数据就是从个体中取得的，因此个体是各项统计数字最原始的承担者。

22. 统计指标与统计标志

统计指标是说明总体综合数量特征的，具有综合的性质。通常，一个完整的统计指标包含指标名称和指标数值两部分。

统计标志是说明总体单位属性的，一般不具有综合的特征。统计指标按其性质可以分为数量标志和品质标志。数量标志：以数量来表示的标志，表示事物量的特性。品质标志：用文字来表示的标志，表示事物质的特征。

统计指标的指标值是由各单位的标志值汇总或计算得来的。随着研究目的的不同，指标与标志之间可以相互转化。

课后练习

1. 填空题

（1）商务数据分析过程主要包括 6 个既相对独立又相互联系的阶段，分别是_____、_____、_____、_____、_____、_____。

（2）商务数据分析过程中主要包括 4 种思维方法，分别是：_____、_____、_____、_____。

2. 选择题

（1）如果将数据分析的步骤精简为 4 个步骤，则依次是（　　）。

　　A. 数据获取、数据处理、数据分析、数据呈现
　　B. 数据获取、数据呈现、数据处理、数据分析
　　C. 数据获取、数据处理、数据呈现、数据分析
　　D. 数据呈现、数据分析、数据获取、数据处理

（2）数据分析的主要目的是（　　）。

　　A. 删除异常的和无用的数据　　　　B. 挑选出有用和有利的数据
　　C. 以图表的形式直观展现数据　　　D. 发现问题并提出解决方案

（3）某班级共有 50 名学生，其中女生 20 名，以下叙述正确的是（　　）。

　　A. 男生占 30%　　　　　　　　　B. 女生占 20%
　　C. 男女生比例为 20:30　　　　　D. 男女生比例为 3:2

3. 计算题

（1）已知 5 名学生的月生活费分别是 750 元、800 元、920 元、1000 元和 1100 元，求其平均月生活费。

（2）某班一共有 40 名学生，他们向地震灾区捐款的统计数分别是 3 人 10 元、20 人 20 元、10 人 50 元、5 人 100 元、2 人 200 元，求该班级的平均捐款额。

第 2 章
商务数据分析方法和工具

2.1 分析方法

2.1.1 描述性分析

【描述性】的分析回答 What 的问题：我的企业发生了什么？

数据类型通常是综合的、广泛的、实时的、精确的，以高效的可视化来展现。

比如，某公司的销售月报，就是描述性分析。一个看板上汇总了各个地区的月度指标，如完成率、完成度，它是实时变动的，到月底自动汇总。它不光"描述"，还有一定程度的分析，可以满足日常管理需求。比如扬州这个地区，本月的目标完成率最低，但是年度目标完成率却较好，是本月的销售目标太高，还是考核上有松懈。如果是人为的松懈，年度考核是否也要记录月度的考核成绩？

高效的可视化展现，一方面是说，做这个报告的速度要快，即问即答，不能当某人想知道今天的情况怎么样时，三天之后才有答案；另一方面是说，这个报告以"模板"的形式存在，数据变了，报告也会随之变动，什么时候打开，什么时候都是最新的。

描述性分析是所有分析形式中最常见的。在业务中，它为分析人员提供了业务中关键指标和措施的视图，如公司每月的收支表。类似地，分析师可以获得大量客户的数据。了解客户的人口统计信息（如我们的客户的 30% 是个体经营者）将被归类为"描述性分析"，利用有效的可视化工具可以更好地呈现描述性分析的信息。

2.1.2 诊断性分析

【诊断性】的分析回答 Why 的问题：为什么我的企业发生了这样的事情？需要有从全局钻取到细节的能力和隔离所有混淆信息的能力。

比如查看数据地图，发现江苏的市场销售额较高，想知道是什么原因，于是点击该省份，能定位到各类产品的销售数据和响应的合作客户数据。

在对描述性数据进行评估时，诊断分析工具将使分析师能够深入到细分的数据，从而找出问题的根本原因。精心设计的商业信息（BI）仪表板有读取时间序列数据（多个连续时间点的数据）的功能，并具有过滤器和钻取能力，可进行此类分析。

2.1.3 预测性分析

【预测性】的分析回答的是 What Likely 的问题：我的企业将要发生什么？主要回答战略性的问题：我的商业策略是否在一段时期内保持一致，根据算法，用模型预测某个具体的结果。

就像玩三国杀的时候，很多人喜欢诸葛亮，不停地使用"观星"一样，我们希望能够预测某件事在未来发生的可能性，或是预测一个可以量化的值，甚至预测某个结果可能发生的时间点。如何实现预测，一方面取决于工具，但更重要的，取决于预测模型。

预测分析是关于预测的。无论是预测将来发生事件的可能性，还是预测可量化的数值，抑或是估计可能发生事件的时间点，这些都是通过预测模型完成的。

预测模型通常利用各种可变数据进行预测。数据的变异性与预测结果密切相关（例如，年龄越大的人，对心脏病发作的敏感程度越高——我们会说年龄与心脏病发作风险呈线性相关），然后将这些数据一起编译成分数或预测。

在充满不确定性的环境中，预测能够帮助做出更好的决定。预测模型也是许多领域中正在使用的重要方法。

2.2 工具

2.2.1 数据采集工具

1. 八爪鱼采集器/火车采集器（火车）

八爪鱼采集器是一款使用简单、功能强大的网络爬虫工具，可实现可视化操作，无须编写代码，内置海量模板，支持任意网络数据的抓取；火车采集器是一款专业的互联网数据抓取、处理、分析、挖掘软件，可以灵活、迅速地抓取网页上散乱分布的数据信息，并通过一系列的分析处理，准确挖掘出所需数据。

下面以八爪鱼采集器为例，重点介绍该类采集器的功能及使用方法。

（1）八爪鱼采集器的功能。

1）云采集：5000 台云服务器，24×7 小时高效稳定不间断采集，结合 API 可无缝对接内部系统，定期同步爬取数据。

2）智能防封：自动破解多种验证码，提供代理 IP 池，结合 UA 切换，可有效突破封锁，顺利采集数据。

3）全网适用：眼见即可采，不管是文字图片，还是贴吧论坛，支持所有业务渠道的数据爬取，满足各种采集需求。

4）海量模板：内置数百个网站数据源，全面覆盖多个行业，只需简单设置，就可快速准确获取数据。

5）简单易用：无须再学爬虫编程技术，简单三步就可以轻松抓取网页数据，支持多种格式一键导出，快速导入数据库。

6）稳定高效：有分布式云集群服务器和多用户协作管理平台的支撑，可灵活调度任务，顺利爬取海量数据。

（2）爬取方法：以爬取京东众筹为例进行讲解。

步骤一：打开八爪鱼采集器，如图 2-1 所示，选择"自定义采集"。

图 2-1　八爪鱼页面图

步骤二：将网址输入"网址"框内，单击"保存网址"按钮，如图 2-2 所示。

图 2-2　保存网址

步骤三：在出现的网址内容中单击"下一页"按钮，如图 2-3 所示。在弹出的"操作提示"对话框中，单击"循环点击下一页"选项，如图 2-4 所示。

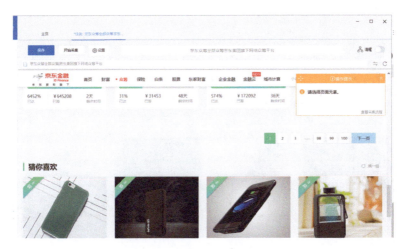

图 2-3 单击"下一页"按钮

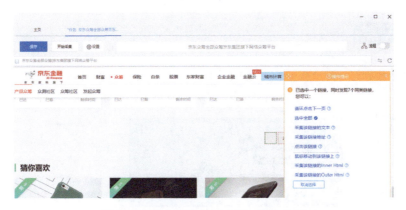

图 2-4 单击"循环点击下一页"选项

步骤四：选中网页第一行第一个图片，结果如图 2-5 所示。在弹出的"操作提示"对话框中单击"选中全部"选项，结果如图 2-6 所示。在再次弹出的"操作提示"对话框中单击"循环点击每个图片"，结果如图 2-7 所示。

图 2-5 选中网页第一行第一个图片

图2-6　单击"选中全部"

图2-7　单击"循环点击每个图片"

步骤五：在出现的网页中选取所要搜集的信息。

1）选择价格：单击"价格"，在弹出的"操作提示"对话框中单击"采集该元素的文本"，如图2-8所示。

图2-8　选择"价格"页面元素

2）选择当前进度：单击"当前进度"，在弹出的"操作提示"对话框中单击"采集该元素的文本"，如图 2-9 所示，依此类推。

图 2-9　采集"当前进度"元素文本

步骤六：打开流程界面，将所搜集的数据进行命名，单击"确定"按钮，然后单击"开始采集"按钮，接着单击"启动本地采集"按钮。

1）打开流程界面，将所搜集的数据进行命名，单击"确定"按钮，然后并单击"开始采集"按钮，如图 2-10 所示。

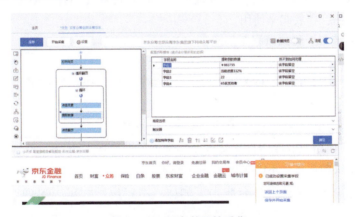

图 2-10　保存并开始采集

2）单击"启动本地采集"按钮，如图 2-11 所示。

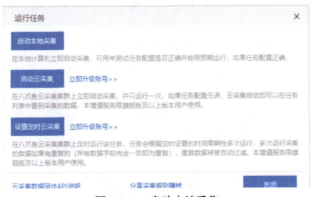

图 2-11　启动本地采集

步骤七：结果呈现，如图 2-12 所示。

图 2-12　结果呈现

2. Python（爬虫）

（1）爬虫的概念。如果我们把互联网比作一张大的蜘蛛网，数据便存放于蜘蛛网的各个节点，而爬虫就是一只小蜘蛛，沿着网络抓取自己的猎物（数据）。爬虫指的是向网站发起请求，获取资源后分析并提取有用数据的程序；从技术层面来说，就是通过程序模拟浏览器请求站点的行为，把站点返回的 HTML 代码、JSON 数据、二进制数据（图片、视频）爬到本地，进而提取自己需要的数据，存放起来使用。

（2）爬虫基本流程。爬虫流程图如图 2-13 所示。

图 2-13　爬虫流程图

1）发送请求。使用 http 库向目标站点发起请求，即发送一个 Request。请求包含请求头、请求体等。请求模块的缺陷：不能执行 JS 和 CSS 代码。

2）获取响应内容。如果服务器能正常响应，则会得到一个 Response。响应包含 html、json、图片、视频等。

3）解析内容。①解析 html 数据：正则表达式（RE 模块）；第三方解析库，如 Beautifulsoup、Pyquery 等。②解析 json 数据：json 模块。③解析二进制数据：以 wb 的方式写入文件。

4）保存数据。保存形式多样，可以保存到数据库（MySQL、MongoDB、Redis），也可以保存为文本文件。

（3）请求与响应。请求与响应示意图如图 2-14 所示。

请求：用户将自己的信息通过浏览器（Socket Client）发送给服务器（Socket Server）。

图 2-14　请求与响应示意图

响应：服务器接收请求，分析用户发来的请求信息，然后返回数据（返回的数据中可能包含其他链接，如图片、JS、CSS 等）。

浏览器在接收响应后，会解析其内容并显示给用户，而爬虫程序在模拟浏览器发送请求，并接收响应后，要提取其中的有用数据。

（4）请求内容。

1）请求方式。常见的请求方式有：Get/Post。

2）请求的 URL。全球统一资源定位符（URL）用来定义互联网上唯一的资源。例如一张图片、一个文件、一段视频都可以用 URL 唯一确定。

3）请求头。①User-Agent：请求头中如果没有 User-Agent 客户端配置，服务端可能将你当作一个非法用户。②Cookies：用来保存登录信息。

注意：一般做爬虫都会加上请求头。

4）请求体。如果是 Get 方式，请求体没有内容（Get 请求的请求体放在 URL 的后面参数中，直接能看到）；如果是 Post 方式，请求体是 Format Data。

（5）响应。

1）常见响应状态码如下：200 表示成功；301 表示跳转；404 表示文件不存在；403 表示无权限访问；502 表示服务器错误。

2）请求头常见参数。

①Set-Cookie：BDSVRTM=0；path=/：可能有多个，用来告诉浏览器，把 Cookie 保存下来。

②Content-Location：服务端响应头中的位置信息返回浏览器之后，浏览器就会重新访问另一个页面。

（6）总结。

1）总结爬虫流程：爬取→解析→存储。

2）爬虫所需工具。①请求库：Requests、Selenium。②解析库：正则表达式、Beautifulsoup、Pyquery。③存储库：文件、MySQL、MongoDB、Redis。

3）爬虫常用框架：Scrapy、Pyspider 等。

2.2.2 数据存储工具

1. 数据文件

（1）什么是数据文件。数据文件是在计算机系统上使用的最常见类型的文件之一。本质上，它可以是存储数据的任何文件。它可以采取纯文本文件的形式或二进制文件格式。数据文件类型的数量是巨大的，成千上万的应用软件都在产生专有的文件格式。

有许多方法来存储数据，无论是以结构化还是非结构化的格式。如 HTML 和 XML 的标记语言是按照指定的规则构造的结构化数据，可以很容易地读出或由程序操纵。

而非结构化数据文件不具有预先定义的数据模型，并且通常是以文本为主。非结构化的文件类型包括元数据、文件、模拟数据、健康记录和其他类型的多媒体内容。

（2）常见的三种文件存储格式。

1）TXT 文件存储。

优点：简单，兼容任何平台。

缺点：不利于检索。对检索和数据结构要求不高，为了使用方便，可用 TXT 文本存储。

2）JSON 文件存储。

JSON 是 JavaScript Object Notation 的简写，是 JavaScript 对象标记，通过对象和数组的组合来表示数据，构造简洁但结构化程度非常高，是一种轻量级数据交换格式。

在 JavaScript 语言中，一切都是对象。任何支持的类型都可以通过 JSON 来表示，如字符串、数字、对象、数组等，对象和数组是比较特殊且常用的两种类型。

3）CSV 文件存储。

CSV 是 Comma-Separated Values 的简写，中文名是逗号分隔值或字符分隔值，以纯文本形式存储表格数据。该文件是一个字符序列，可由任意数目的记录组成，记录间以某种换行符分隔。每条记录由字段组成，字段间的分隔符常使用逗号或制表符。所有记录都有完全相同的字段序列，相当于一个结构化表的纯文本形式。相比 Excel 文件更简单，XLS 文本是电子表格，包含了文本、数值、公式和格式等内容，而 CSV 中不包含这些内容，就是特定字符分隔的纯文本，结构简单清晰。

2. 数据库

（1）定义。

数据库是存放数据的仓库。它的存储空间很大，可以存放百万条、千万条甚至上亿条数据。但是数据库并不是随意地将数据进行存放，而是有一定的规则的，否则查询的效率会很低。当今世界是一个充满数据的互联网世界。即这个互联网世界就是数据世界。数据的来源有很多，比如出行记录、消费记录、浏览的网页、发送的消息等。除了文本类型的数据，图像、音乐、声音也是数据。

（2）类型。

1）关系型数据库。关系型数据库的存储格式可以直观地反映实体间的关系。关系型数据库和常见的表格相似，关系型数据库中表与表之间是有很多复杂的关联关系的。常见的关系型数据库有 MySQL、SQLServer 等。在轻量或者小型的应用中，使用不同的关系型数据库对系统的性能影响不大，但是在构建大型应用时，需要根据应用的业务需求和性能需求，选择合适的关系型数据库。

2）非关系型数据库。随着近些年技术方向的不断拓展，大量的非关系型数据库（NoSQL）如 MongoDB、Redis、Memcache 出于简化数据库结构、避免冗余、影响性能的表连接、摒弃复杂分布式的目的被设计。

非关系型数据库指的是分布式的、非关系型的、不保证遵循 ACID 原则的数据存储系统。其技术与 CAP 理论、一致性哈希算法有密切关系。所谓 CAP 理论，简单来说就是一个分布式系统不可能满足可用性、一致性与分区容错性这三个要求，一次性满足两种要求是该系统的上限。一致性哈希算法指的是非关系型数据库在应用过程中，为满足工作需求而在通常情况下产生的一种数据算法，该算法能有效解决工作方面的诸多问题，但也存在弊端，即工作完成质量会随着节点的变化而产生波动，当节点过多时，相关工作结果就不那么准确。这一问题使整个系统的工作效率受到影响，导致整个数据库系统的数据出现乱码的概率与出错率大大提高，甚至会出现数据节点的内容迁移，产生错误的代码信息。但尽管如此，非关系型数据库技术还是具有非常明显的应用优势，如数据库结构相对简单，在大数据量下的读写性能好；能满足随时存储自定义数据格式的需求，非常适用于大数据处理工作。

非关系型数据库适合追求速度和可扩展性、业务多变的应用场景。对于非结构化数据的处理更合适，如文章、评论，这些数据通常只用于模糊处理，并不需要像结构化数据一样，进行精确查询，而且这类数据往往是海量的，数据规模的增长往往也是不可预期的。非关系型数据库的扩展能力几乎是无限的，所以非关系型数据库可以很好地满足这一类数据的存储。非关系型数据库利用键值（Key-Value）可以获取大量的非结构化数据，并且数据的获取效率很高，但用它查询结构化数据效果就比较差。

3）分布式数据库。所谓的分布式数据库技术，就是数据库技术与分布式技术的一种结合。它具体指的是把那些在地理意义上分散开的各个数据库节点和在计算机系统逻辑上属于同一个系统的数据结合起来的一种数据库技术。它既有着数据库间的协调性，也有着数据的分布性。这个系统并不注重系统的集中控制，而是注重每个数据库节点的自治性。此外，为了减轻程序员编写程序的工作量以及系统出错的可能性，一般完全不考虑数据的分布情况，这样的结果就使得系统数据的分布情况一直保持着透明性。

数据独立性在分布式数据库管理系统中是十分重要的。分布式数据库管理系统还增加了分布式透明性。这个新概念的作用是让数据进行转移时使程序正确性不受影响，就像数据并没有在编写程序时被分布一样。

在分布式数据库里，数据冗杂是一种被需要的特性，这点和一般的集中式数据库系统不一样。第一点是为了提高局部的应用性而要在那些被需要的数据库节点复制数据。第二点是因为如果某个数据库节点出现系统错误，在修复好之前，可以通过操作其他的数据库节点中复制好的数据来让系统能够继续使用，提高系统的有效性。

3. 大数据

（1）基本介绍。大数据通常指的是那些数量巨大和难以收集、处理、分析的数据集，也指那些在传统基础设施中长期保存的数据。这里的"大"有几层含义，它可以形容组织的大小，而更重要的是，它界定了企业中 IT 基础设施的规模。业内对大数据应用寄予了无限的期望。商业信息积累得越多，价值也越大，只不过我们需要一个方法把这些价值挖掘出来。

随着大数据应用的爆发性增长，它已经衍生出自己独特的架构，而且也直接推动了存储、网络以及计算技术的发展。毕竟处理大数据这种特殊的需求是一个新的挑战。硬件的发展最终还是由软件需求推动的，就这个例子来说，我们很明显地看到大数据分析应用需求正在影响着数据存储基础设施的发展。

此外，这一变化对存储厂商和其他 IT 基础设施厂商未尝不是一个机会。随着结构化数据和非结构化数据量的持续增长，以及分析数据来源的多样化，此前存储系统的设计已经无法满足大数据应用的需要。存储厂商已经意识到这一点，他们开始修改基于块和文件的存储系统的架构设计以适应这些新的要求。在这里，我们会讨论那些与大数据存储基础设施相关的属性，看看它们如何迎接大数据的挑战。

（2）大数据存储方式。

1）分布式系统。分布式系统包含多个自主的处理单元，通过计算机网络互联来协作完成分配的任务，其分而治之的策略能够更好地处理大规模数据分析问题。分布式系统主要包括以下两类：

- 分布式文件系统：存储管理需要多种技术的协同工作，其中文件系统为其提供最底层存储能力的支持。分布式文件系统 HDFS 是一个高度容错性系统，被设计成适用于批量处理，能够提供高吞吐量的数据访问。

- 分布式键值系统：用于存储关系简单的半结构化数据。典型的分布式键值系统有 Amazon Dynamo，其存储和管理的是对象而不是数据块。

2）非关系型数据库。关系型数据库已经无法满足 Web 2.0 的需求，主要表现为：无法满足海量数据的管理需求，无法满足数据高并发的需求，可扩展性和可用性较差。

非关系型数据库的优势：可以支持超大规模数据存储，灵活的数据模型可以很好地支持 Web 2.0 应用，具有强大的横向扩展能力等。典型的非关系型数据库包括：键值数据库、列族数据库、文档数据库和图形数据库。

3）云数据库。云数据库是基于云计算技术发展的一种共享基础架构的方法，是被部署和虚拟化在云计算环境中的数据库。云数据库并非一种全新的数据库技术，而只是以服务的方式提供数据库功能。云数据库所采用的数据模型可以是关系数据库所使用的关系模型（微软的 SQL Azure 云数据库采用了关系模型）。同一个公司也可能提供采用不同数据模型的多种云数据库服务。

2.2.3 数据处理工具

数据处理是指根据数据分析目的，将收集到的数据，用适当的处理方法进行加工、整理，形成适合数据分析的样式。它是数据分析前必不可少的工作，并且在整个数据分析工作量中占据了很大的比例。数据处理包括数据清洗、数据抽取、数据合并、数据计算、数据分组等操作。数据处理主要运用的工具有 Excel、Tableau Prep 和 Python。

1. Excel

案例：在对数据进行分析前，经常需要对数据进行处理。

如图 2－15 所示，现需要将手机号码中间四位数字单独提取出来，所以需要运用 Excel 函数。

	A	B	C
1	姓名	性别	电话号码
2	陈子健	男	18878838325
3	程琛	女	15354264713
4	程激武	男	17724381652
5	程星华	男	15176129691
6	代宇文	女	15562997666
7	邓芳	男	18857165975
8	邓琪	男	15376652856
9	邓舒云	女	17784326791
10	邓宇威	女	15179193334
11	丁慧芳	男	15562984544
12	丁晓军	女	18896336468
13	杜雷凯	男	15335394298
14	杜鑫	女	17781922573
15	段丹慧	男	15122415562
16			

图 2－15 数据抽取

步骤一：打开 Excel 文件，找到该工作表，选中 D2 单元格，输入函数“＝MID（C2,4,4)”，如图 2－16 所示。

步骤二：将鼠标指针放在 D2 单元格右下角，出现十字光标后下拉，即可得出所有号码的中间四位数字，如图 2－17 所示。

第 2 章
商务数据分析方法和工具

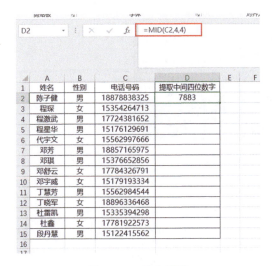

图 2-16　输入函数　　　　　　　　　图 2-17　结果呈现

2. Tableau Prep

（1）什么是 Tableau Prep。2018 年 4 月，Tableau 公司推出全新的数据准备产品——Tableau Prep，旨在帮助人们以快速可靠的方式对数据进行合并、组织和清理，进一步缩短从数据获取信息所需的时间。简而言之，Tableau Prep 是一款简单易用的数据处理工具（部分 ETL 工作）。之所以使用 Tableau Prep，是因为我们在使用 BI 工具进行数据可视化时，数据常常不具有适合分析的形制（数据模型），很难应对复杂的数据准备工作。因此，我们需要一种更方便的工具来搭建我们需要的数据模型。

（2）下载 Tableau Prep。Tableau Prep 官方链接地址：https://www.tableau.com/products/prep。目前 Tableau Prep 提供 30 天的试用，现有的 Tableau Desktop 客户可在 2020 年之前免费使用 Tableau Prep。同时支持 Windows 及 Mac 系统。

Tableau Desktop 的 Key（密钥）无法直接激活 Tableau Prep，根据官方介绍，需要进入 Tableau 客户端，使用 Administrator 账户登录，即可以看到已经购买的 Desktop Key，以及 1 个 Tableau Prep 的 Key。此 Key 可以激活与 Desktop Key 关联电脑上的 Tableau Prep。

（3）Tableau Prep 数据连接。Tableau Prep 支持连接到常用类型的数据，以及 Tableau 的数据提取（.tde 或 .hyper），并且从版本 2019.3.1 开始还支持发布的数据源。连接类型如图 2-18 所示。

3. Python

下面给出一个手机号码，为了保护客户隐私，需要通过 Python 中的函数将中间四位号码用"＊"代替。具体的

图 2-18　Tableau Prep 数据连接类型

Python 代码如图 2-19 所示。

```
In [1]: # a为虚拟的手机号码
a = '18870529261'
print(a[:3] + '****' + a[7:])

188****9261
```

图 2-19　Python 代码实现

2.2.4　数据分析工具

数据分析工具有很多。一般来说，一个优秀的数据分析师都有很多的知识储备，并且能够熟练地使用数据分析工具。那么数据分析工具都有哪些呢？一般来说，Excel、Python、SPSS 比较常见。下面分别为大家介绍这些工具。

1. Excel

在众多数据分析工具中，Excel 是最常用、最容易上手的分析工具。Excel 数据分析功能十分强大，不仅提供简单的数据处理功能，还有专业的数据分析工具库，包括相关系数分析、描述统计分析等。下面列举一个案例来讲述 Excel 的数据分析功能。

案例：某公司在研究公司的新媒体账号每天发布的内容对阅读量、转发量、当天涨粉量的影响时，对数据进行了统计，部分数据如图 2-20 所示。

现在需要将表格中的"标题类型"和"内容类型"信息转换为数据。规定用数字代码"1"表示"噱头型"标题，用数字代码"2"表示"干货型"标题，依此类推。用代码"1"来表示"猎奇"内容，依此类推。转换后的表格结果如图 2-21 所示。

标题类型	内容类型	插图数量	字数（千字）	阅读量	转发量	当天涨粉量
噱头型	猎奇	5	3	8914	131	56
干货型	实用	7	3	9618	231	178
实在型	道理	2	2	12499	53	200
新闻型	猎奇	5	1	14590	115	16
平淡型	道理	7	5	6247	238	31
幽默型	趣事	8	1	2330	273	23
噱头型	趣事	5	3	13405	254	53
噱头型	猎奇	4	1	6666	220	46
干货型	实用	5	3	8450	131	180
实在型	道理	3	4	12164	51	199
新闻型	猎奇	7	5	12629	283	106
平淡型	道理	6	1	12901	51	106
幽默型	趣事	4	1	11235	157	76
噱头型	趣事	3	3	2504	215	27

图 2-20　部分数据统计

标题类型	内容类型	插图数量	字数（千字）	阅读量	转发量	当天涨粉量
1	1	5	3	8914	131	56
2	2	7	3	9618	231	178
3	3	2	2	12499	53	200
4	1	5	1	14590	115	16
5	3	7	5	6247	238	31
6	4	8	1	2330	273	23
1	4	5	3	13405	254	53
1	1	4	1	6666	220	46
2	2	5	3	8450	131	180
3	3	3	4	12164	51	199
4	1	7	5	12629	283	106
5	3	6	1	12901	51	106
6	4	4	1	11235	157	76
1	4	3	3	2504	215	27

图 2-21　转化后的数据

步骤一：打开 Excel 表，选择"数据"→"数据分析"命令，打开"数据分析"对话框，选择"相关系数"选项，如图 2-22 所示。

步骤二：在"相关系数"对话框中设置区域。设置"输入区域"为所有数据表区域。选中"逐列"单选按钮和"标志位于第一行"复选框。设置"输出区域"为一个空白的单元格，单击"确定"按钮，如图 2-23 所示。

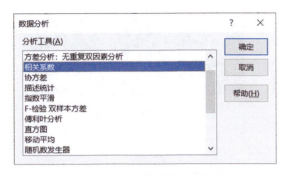

图2-22 "数据分析"对话框

图2-23 "相关系数"对话框

步骤三：查看分析结果。在分析结果中，正数表示正相关，负数表示负相关。正数越大、负数越小，就说明相关性越大。

如图2-24所示，"插图数量"和"转发量"的相关系数为0.59（保留两位小数），说明两者呈正相关关系，即插图数量越多，转发量越大。其余变量间系数较小，不存在相关关系。

	标题类型	内容类型	插图数量	字数（千字）	阅读量	转发量	当天涨粉量
标题类型	1						
内容类型	0.297199	1					
插图数量	0.412831	-0.12665	1				
字数（千字）	-0.20172	-0.11139	0.162021	1			
阅读量	0.06244	-0.26658	-0.1918	-0.00717	1		
转发量	-0.03876	0.05164	0.586131	0.276369	-0.47469	1	
当天涨粉量	-0.12697	-0.06466	-0.28907	0.225542	0.380521	-0.49816	1

图2-24 结果呈现

2. Python

采用Python进行数据分析需要掌握一系列库的使用方法，包括NumPy（矩阵运算库）、SciPy（统计运算库）、Matplotlib（绘图库）、Pandas（数据集操作）、SymPy（数值运算库）等库，在Python中进行数据分析时，这些库有广泛的应用。

案例： 我们根据工作经验、薪资水平的历史数据，运用Python相关知识建立线性回归模型，然后根据给出的薪资水平来预测未来的薪资。源数据如图2-25所示。

YearsExperience	Salary
1.1	39343
1.3	46205
1.5	37731
2	43525
2.2	39891
2.9	56642
3	60150

图2-25 源数据

步骤一：导入相关库，源码如图2-26所示。
步骤二：读取源数据，源码如图2-27所示。

```
import numpy as np
import pandas as pd
import matplotlib.pyplot as plt
```

图2-26 导入相关库源码

```
income = pd.read_csv('datasource/Salary_Data.csv')
income.head()
```

图2-27 读取源数据源码

步骤三：建立线性回归模型，源码如图2-28所示。
步骤四：求解参数及截距，结果如图2-29所示。

图 2-28 线性回归模型　　　　图 2-29 结果呈现

所以最终的线性回归模型表达式为

$$Salary = 25792.20 + 9449.96 * YearsExperience$$

3. SPSS

SPSS 是世界上最早的统计分析软件，由美国斯坦福大学的三位研究生于 1968 年研发成功，同时成立了 SPSS 公司，并于 1975 年成立法人组织，在芝加哥组建了 SPSS 总部。2009 年 7 月 28 日，IBM 公司宣布将用 12 亿美元现金收购统计分析软件提供商 SPSS 公司。如今 SPSS 的最新版本为 SPSS 26.0，而且更名为 IBM SPSS Statistics。迄今，SPSS 公司已有 40 余年的成长历史。

SPSS 是世界上最早采用图形菜单驱动界面的统计软件，它最突出的特点是操作界面极为友好，输出结果美观漂亮。它将几乎所有的功能都以统一、规范的界面展现出来，使用 Windows 窗口的方式展示各种管理和分析数据的功能，用对话框展示各种功能选择项。用户只要掌握一定的 Windows 操作技能，精通统计分析原理，就可以使用该软件为特定的科研工作服务。SPSS 采用类似 Excel 表格的方式输入与管理数据，数据接口较为通用，能方便地从其他数据库中读入数据。其统计过程包括常用的、较为成熟的统计过程，完全可以满足非统计专业人士的工作需要。输出结果十分美观，存储格式是专用的 SPO 格式，可以转存为 HTML 格式和文本格式。对于熟悉老版本编程运行方式的用户，SPSS 还特别设计了语法生成窗口，用户只需在菜单中选好各个选项，然后单击"粘贴"按钮就可以自动生成标准的 SPSS 程序。极大地方便了中、高级用户。

案例：图 2-30 中的数据表达的是某公司 1~11 月份的商品销售情况，第一列是月份，第二列是当月销售商品种类数，第三列是当月的商品销售量。我们现在需要通过回归分析来了解商品上架种类和商品销售量之间是否有关系，如果有的话又是怎样的一种关系，并且是否可以通过目前的数据来预测 12 月份的商品销售量情况。

步骤一：如图 2-31 所示，我们需要从"分析"菜单中选择"回归"→"线性"命令（回归的模型选择有很多种，本案例中我们选择线性回归）。

步骤二：在弹出的"线性回归"对话框中，我们把销售数量设为因变量，自变量为商品种类，如图 2-32 所示。

图 2-30 源数据

图2-31 选择线性回归

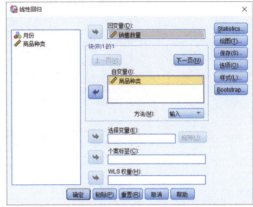

图2-32 在"线性回归"对话框中参数设置

步骤三：单击右侧的 Statistics 按钮，在弹出的"线性回归：统计"对话框中选择 Durbin-Watson 复选框，单击"继续"按钮，返回"线性回归"对话框；单击"绘图"按钮，选择输出残差"直方图"与"正态概率图"，如图2-33 和图2-34 所示。其他的选项我们暂时接受系统默认设置，不做更改。

图2-33 参数设置

图2-34 参数设置

步骤四：单击"继续"按钮返回"线性回归"对话框，单击"确定"按钮，结果如图2-35所示。

从图2-35中我们可以看出，不管是 R 平方还是调整后的 R 平方都在90%以上，说明本次回归模型的拟合效果是很好的。

从图2-35我们可以看出，方差分析的显著性为 0.00 < 0.05，说明在本次分析中商品种类和销售数量之间存在显著的线性关系。

模型摘要[b]

模型	R	R平方	调整后R平方	标准偏斜度错误	Durbin-Watson
1	.958[a]	.919	.909	119.591	1.475

a.预测值：（常数），商品种类
b.应变数：销售数量

变异数分析[a]

模型		平方和	df	平均值平方	F	显著性
1	回归	1451045.759	1	1451045.759	101.458	.000[b]
	残差	128717.877	9	14301.986		
	总计	1579763.636	10			

a.应变数：销售数量
b.预测值：（常数），商品种类

系数[a]

模型		非标准化系数		标准化系数	T	显著性
		B	标准错误	Beta		
1	（常数）	399.954	69.365		5.766	.000
	商品种类	7.503	.745	.958	10.073	.000

a.应变数：销售数量

图 2-35　结果呈现

从图 2-35 中我们可以看出，整个回归分析的结果是很好的，t 检验里的显著性水平 $0.00<0.05$，说明本次回归方程的系数是显著的，具有统计学意义。本次回归分析的回归方程为

$$Y = 399.954 + 7.503X$$

到这里不知道大家是不是也认为整个回归分析就做完了。其实，我们还有重要的一步没有验证，就是 D-W 检验。在第一个模型汇总图里，我们能看到本次分析的 D-W 值是 1.475，可以通过查询 Durbin-Watson 检验表，也可以看输出的图来判断是否数据存在自相关等问题。

图 2-36 和图 2-37 就是我们输出的残差图，从图中可以看出残差的分布没有呈现出明显的规律性，说明此题的数据不存在自相关等情况，本次的回归模型不用进行其他操作，可以直接使用。

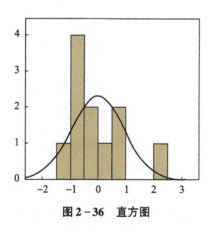

图 2-36　直方图

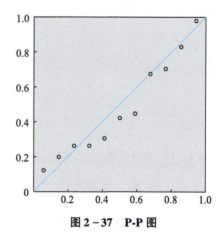

图 2-37　P-P 图

最后，我们既然得出了回归方程，就可以对 12 月份的商品销售情况做出相应的预测，直接往回归方程里面代数就可以计算出来了。

到这里，我们本次 SPSS Statistics 的回归分析案例就全部做完了，举这个比较简单的例子，

主要是让大家看看如何使用 SPSS Statistics。在工作中，我们需要的回归模型可能会比这个复杂，但是原理都是一样的，可以参考此案例。

2.2.5 数据可视化工具

数据可视化是数据分析和机器学习的重要环节。

数据可视化同时还广泛存在于各种商业、政务、教育等领域的业务表述之中。因为"图"才是喜闻乐见、通俗易懂的，也是最直观的。

不仅如此，数据可视化还是独立的业务，在现代社会中有各种引人注目的操作，比如将抽象的东西"可视化""直观化"等。

本节主要向读者介绍了数据可视化中常用工具的使用方法，并且通过多个实战项目案例，让读者更深入地理解可视化的各种方法和技能。

1. Excel

数据可视化软件很多，例如 R、Python、第三方在线工具等，但是绝大部分对于初学者非常不友好，需要花大量时间去学习、研究。这里我强烈推荐 Excel，因为其学习起来简单、兼容性极强。

案例：图 2-38 所示为某公司各销售区域的销售金额，现在需要体现出目标的完成情况，可以用 Excel 中的数据条来实现。

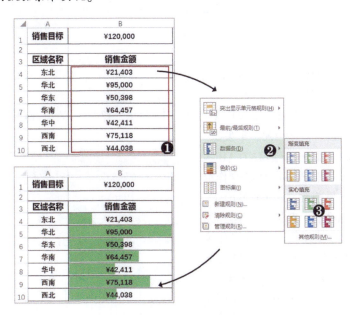

图 2-38 效果图展示

2. Tableau

Tableau 是大数据可视化的市场领导者之一，在为大数据操作、深度学习算法和多种类型的 AI 应用程序提供交互式数据可视化方面尤为高效。

Tableau 可以与 Amazon AWS、MySQL、Hadoop、Teradata 和 SAP 协作，成为一个能够创建详细图形和展示直观数据的多功能工具。这样高级管理人员和中间链管理人员能够基于包含大量信息且容易读懂的 Tableau 图形做出基础决策。

案例： 根据"2019 年各省市售电量明细表.xlsx"，制作各个地区销售明细柱形图。如图 2-39 所示。

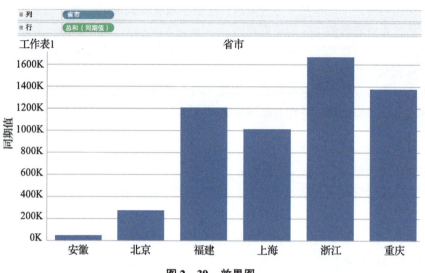

图 2-39 效果图

3. Python

Python 有很多附加库可以用来制作静态或动态的可视化文件，但是我们将主要关注 Matplotlib 和以它为基础的库。

Matplotlib 是一个用于生成出版级质量图表（通常是二维的）的桌面绘图包。该项目由约翰·亨特（John Hunter）于 2002 年发起，目的在于在 Python 环境下进行 MATLAB 风格的绘图。Matplotlib 和 IPython 社区合作简化了 IPython shell（目前是 Jupyter 笔记本）的交互式绘图。Matplotlib 支持所有操作系统上的各种 GUI 后端，还可以将可视化文件导出为所有常见的矢量和光栅图形格式（PDF、SVG、JPG、PNG、BMP、GIF 等）。

随着时间的推移，Matplotlib 已经产生了一些数据可视化的附加工具包，可使用 Matplotlib 进行底层绘图。

案例： 现需要在 Jupyter Notebook 中绘制简单的折线图，具体代码及效果如图 2-40 所示。

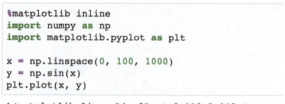
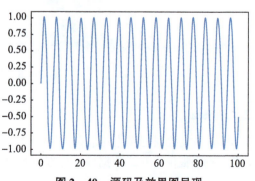

图 2-40 源码及效果图呈现

2.2.6 报告撰写工具

数据分析的最后一步就是撰写分析报告。数据分析报告是对整个数据分析过程的一个总结与呈现,通过报告,把数据分析的起因、过程、结果及建议完整地呈现出来。

数据分析报告也是一种沟通与交流的形式,主要是指将分析的结果、可行性建议以及其他有价值的信息传递给决策者,从而让决策者做出正确的判断和决策。一般情况下,我们用 Word 或 PowerPoint 制作数据分析报告。

1. PowerPoint

一份好的工作报告 PPT 会帮你有条理地阐述一段时间以来的工作情况,把你所要表达的信息组织在一组图文并茂的画面中,可以形象直观地介绍、展示你的工作成果。

步骤一:明确中心思想

传达的中心思想应符合一定标准,明确中心思想的要诀如下:

有的放矢——具体的,而不是笼统的。

贯穿整体——统领的,而不是局部的。

掷地有声——具有冲击力的,而不是平淡的。

言之有据——以事实科学分析为基础的,而不是"灵光一现"的。

步骤二:梳理结构,建立论证

组织 PPT 汇报内容结构,选择合适的切入点,如从问题入手、从解决方案入手、从理论入手、从成功案例或同行业其他成功经验入手。

步骤三:绘制 PPT 报告

确定模板,确定汇报文件的风格,包括背景、标志和页码。

拟好标题,根据切割的版面撰写每页 PPT 的题目,包括正文和目录页。

选择并绘制素材,选择合适的素材进行绘制和构图,包括图表、文本和动画。

修改润色,对 PPT 中的各个组成部分,如颜色、图形的位置、标题内容等进行修改,以达到最佳的表现效果。

2. Word

作为 Office 套件的核心程序,Word 提供了许多易于使用的文档创建工具,同时也提供了丰富的功能集供创建复杂的文档使用。

Word 分析报告不仅简便易操作,同时满足了不少政府机构、企事业单位等的某些业务需求,比如政府工作的季度报告、年度报告等。同时它对习惯用 Word 的用户来说,也极具亲切感和诱惑力。

(1) Word 报告的种类。

1) 工作报告:工作报告是指下级单位向上级汇报某项工作或某一阶段工作的进展、成绩、经验、存在的问题及今后的打算等时使用的报告。

2) 情况报告:情况报告用于向上级反映本单位发生的重大问题和主要情况。这类报告并不局限于某一具体工作,主要是针对工作中出现的有关问题及处理情况。例如,出现突发性重大事故，有关部门就必须立即向上级汇报，以便于领导采取相应的措施。处理后的有关情况也要向上级报告，使领导能把握事件发生的最新动态。

3）答复报告：答复报告是指答复上级查询事项时使用的报告。

（2）写作格式。

1）标题：标题由发文单位、事由和文种组成。报告的标题有两种情况，一是完全式，即写出完整的标准式的公文标题；二是省略式，即报告的标题根据需要省略发文单位。

2）主送单位：报告的事项是谁主管的，主送单位就写谁的名称；如有抄送单位，在正文之后写明抄送单位名称。

3）正文：报告的正文分为缘由、事项和结尾三部分。

缘由是报告的基础，说明发文的原因、依据和目的，或是由于形势发展的要求，或是由于工作的需要，或是由于上级的指示等。这部分要写得比较概括，把有关情况交代清楚就行了，不用展开。

事项是报告的主体和核心部分，这是需要上级了解的主要内容，要交代清楚。工作报告写的是工作情况问题和今后的打算等；情况报告写发生的具体事件的处理情况以及教训等；答复报告的内容比较简单，上级问什么就答什么。

结尾是一些习惯用语，如特此报告、特此报告请审查等，应另起一行。

4）落款：在正文之后的右下角写明制发报告单位的名称和日期，如果在标题中已写明发文单位的名称，这里可以省略不写。日期则年、月、日要写齐全。

课后练习

填空题

（1）商务数据分析过程主要有 3 种分析方法，分别是：_____、_____、_____。

（2）数据分析过程中，常用的可视化工具有（至少列出三个）：_____、_____、_____。

第 3 章
商务数据分析应用

3.1 市场分析

市场分析是企业进行项目投资、战略制定、开展咨询和研究活动的基石。一次完整的市场分析通常包括市场需求调研、行业数据采集、市场定位分析、细分市场分析、市场生命周期分析、行业竞争分析等步骤。实际进行市场分析时，会根据不同的出发点有所侧重。但是无论目的如何，分析的核心诉求都是准确的数据呈现和具有指导意义的结论。

3.1.1 市场需求调研

市场需求调研是指通过客户行为、行业特征及业务目标要求设计调研问卷；然后再通过网络调研、深度访谈等方法进行调研；最后通过 Excel 等数据处理系统对回收问卷进行清洗，得到可靠样本数据。

1. 市场需求调研的目的

市场需求调研的目的是对市场需求状况进行调查、了解、分析和论证，用以制定正确的产品销售策略。市场需求能够反映在一定时间和地区内，顾客购买产品时的愿望。市场需求包括对产品品种、质量、规格、型号、数量、价格、供货期限和销售服务等方面的要求。企业生产经营的产品越符合市场需求，产品就越畅销。因此，深入细致地进行市场需求研究，对企业产品能否取得成功有至关重要的作用。

2. 市场需求调研的内容

市场需求调研的内容主要包括市场需求量、需求结构和需求时间。

（1）市场需求量。市场需求量是指某一产品在某一地区和某一时期内，在一定的营销环境和营销方案的作用下，愿意购买该产品的顾客群体的总数。市场需求量由产品、总量、消费者群体、地理区域、时间周期、营销环境、购买需求、营销组合策略等八个因素决定。

1）产品。因为产品的范围是广泛的，即使是同一类产品，其实际需求也往往存在差异，在企业进行需求测量时，要明确规定产品的范围。

2）总量。它通常表示需求的规模，可用实物数量、金额数量或相对数量来衡量。例如，全国手机的市场需求可被描述为 7000 万台或 1500 亿元，广州地区的手机市场需求占全国总需求的 10%。

3）消费者群体。在对市场需求进行测量时，不仅要着眼于总市场的需求，还要分别对各细分市场的需求加以确定。

4）地理区域。在一个地域较广的国家，不同地域间存在差异。

5）时间周期。由于企业的营销计划一般有长期、中期、短期之分，与之相对应有不同时期的需求测量。

6）营销环境。在进行市场需求测量时，应注意对各类因素的相关分析。

7）购买需求。只有购买需求才能转变成真正的市场需求。

8）营销组合策略。即本企业采取的市场营销组合策略是否适应扩大产品市场的要求。

此外，商品自身价格、相关商品价格（替代品与互补品）、消费者的收入水平、消费者的偏好（个性、爱好、社会风俗、传统习惯、流行趋势等）、消费者对未来商品的价格预期、人口规模等因素也可以影响市场需求。

（2）需求结构。需求结构是指消费者有效购买力在各类型消费资料中的分配比例。通俗地说，就是消费者对吃、穿、住、用、行商品的需求比例。需求结构具有实物和价值两种表现形式。实物形式指人们消费了一些什么样的消费资料，以及它们各自的数量。价值形式指以货币表示的人们消费的各种不同类型的消费资料的比例关系，在现实生活中具体表现为各项生活支出。

（3）需求时间。需求时间是指消费者需求的季节、月份，以及需求时间内的品种和数量结构。例如，在旅游旺季时旅馆紧张和短缺，在旅游淡季时旅馆空闲。许多旅馆通过灵活的定价、促销及其他激励因素来改变需求时间。

3. 市场需求调研的方法

（1）观察法。观察法是由调研人员对调查研究的对象，利用眼睛、耳朵等感官以直接观察的方式进行考察并收集资料。例如，市场调研人员到被访问者的销售场所去观察商品的品牌及包装情况。

（2）实验法。实验法由调研人员根据调研的要求，用实验的方式，将调研的对象控制在特定的环境条件下，对其进行观察以获得相应的信息。控制对象可以是产品的价格、品质、包装等。实验法在可控的条件下观察市场现象，揭示在自然条件下不易发生的市场规律，这种方法主要用于市场销售实验和消费者使用实验。

（3）访问法。访问法可以分为结构式访问、无结构式访问和集体访问。

结构式访问是指利用设计好的、有一定结构的访问问卷进行的访问。调研人员要按照事先设计好的调查表或访问提纲进行访问，要以相同的提问方式和记录方式进行访问。提问的语气和态度也要尽可能保持一致。

无结构式访问没有统一问卷，由调研人员与被访问者自由交谈。它可以根据调研的内容进行广泛的交流。例如，对商品的价格进行交谈，了解被访问者对价格的看法。

集体访问是指通过集体座谈的方式听取被访问者的想法，收集信息资料。集体访问可以分为专家集体访问和消费者集体访问。

（4）问卷法。问卷法是通过设计调研问卷，让被调研者填写调研表的方式获得调研对象的信息。在调研中将调研的资料设计成问卷后，让调研对象将自己的意见或答案填入问卷中。在实地调研中，问卷法应用较为广泛。

3.1.2 行业数据采集

1. 行业数据采集的目的

行业数据采集的目的是，根据行业特性确定数据指标筛选范围，做出符合业务要求的数据报表模板；通过可靠的数据来源与合适的数据采集方式，完成行业数据报表的制作，为后续行业市场分析提供基础数据。

2. 行业数据采集的内容

行业数据指标应根据企业类型、经营规模、发展目标等具体情况选择，数据指标可以很宽泛，也可以很精炼。一般情况下，数据指标至少应包括行业规模、龙头企业、行业大盘等行业信息。

（1）行业规模。行业规模相关指标包括市场总营业额、平均利润、平均成本、企业数量、企业类型、企业资产总规模、企业融资渠道、企业地理分布等。行业规模直接决定了企业可以获得多大的利润，该行业容得下多少公司。

（2）龙头企业。采集的行业内龙头企业的信息，一般包括企业名称、主营业务、企业类型（组织结构、所跨行业、规模、是否为上市公司等）、总股本、总资产、净资产和销售区域、利润和增长率等指标。

（3）行业大盘。对于互联网零售企业而言，行业数据采集以行业大盘（报表）信息为主，主要包括行业访客数、行业浏览量、行业搜索点击人数、行业搜索点击次数、行业搜索点击率、行业收藏人数、行业收藏次数、行业加购人数、行业加购次数、行业客单价、行业搜索人气、行业交易指数等指标。

3. 行业数据采集的步骤与渠道

（1）行业数据采集的步骤。进行行业数据采集时，可首先查找相关行业协会网站或权威专业网站，获得对行业比较全面的初步了解；然后，通过网络查找信息时，变换关键词对同一问题进行多角度信息收集，力求信息全面；此外，部分数据如果比较难获得，则可以考虑通过电话咨询或上门走访。

（2）行业数据采集的渠道。行业数据采集的渠道多种多样，主要有以下几种：

1）金融机构。该渠道采集的数据有公开发布的各类年度数据、季度数据、月度数据等。

2）政府部门。该渠道采集的数据有宏观经济数据、行业经济数据、产量数据、进出口贸易数据等。

3）行业协会。该渠道采集的数据有年度报告数据、公报数据、行业运行数据、会员企业数据等。

4）社会组织。该渠道采集的数据有国际性组织、社会团体公布的各类数据等。

5）行业年鉴。该渠道采集的数据有农业、林业、医疗、卫生、教育、环境、装备、房产、建筑等各类行业数据。

6）公司公告。该渠道采集的数据有资本市场各类公司发布的定期年报、半年报、公司公告等。

7）报纸杂志。该渠道采集的数据有在报纸杂志中获取的仅限于允许公开引用、转载的部分。

8）中商调研。该渠道采集的数据有研究人员、调研人员通过实地调查、行业访谈获取的一手数据。

3.1.3 市场定位分析

市场定位是指企业针对潜在顾客的心理进行营销设计，创立产品、品牌或使企业在目标客户心目中形成某种形象或某种个性特征,从而取得竞争优势。简而言之,市场定位就是在客户心目中树立独特的形象。

市场定位分析主要包括以下几个步骤:

1. 决定定位层次

定位的首要工作就是考虑在哪个层次上定位。一般把定位分为以下三个层次:

(1)行业定位:是企业选择在哪个行业进行竞争,行业定位直接影响到企业定位和产品定位。

(2)企业定位:是企业对自己在行业中的角色进行定位,决定企业在行业中是作为领先者、挑战者还是追随者,不同的企业定位决定了企业在竞争中采取不同的策略。

(3)产品定位:根据产品所处的细分市场不同,选择竞争对手,通过寻找本产品相对竞争对手的独特竞争优势,对产品进行定位。

2. 辨别重要属性

一旦确定了定位层次,就有必要识别所选细分市场的重要属性,不同细分市场的顾客选择产品时所关注的产品属性是有差别的。

3. 绘制定位图

当识别产品的重要属性后,下一步就是以这些属性为基础绘制定位图,并为这些属性寻找各机构在定位图中的位置。定位图一般选择二维定位图和四维定位图,如图3-1和图3-2所示,也就是选择两个重要属性或四个重要属性绘制定位图,并标明产品在不同的二维定位图或四维定位图中的位置。

定位图可以用来识别市场上潜在的空缺,包括存在需要而又几乎没有竞争的地方。应该注意的是:定位图上存在空白区域并不能就此推断出有活力的定位。

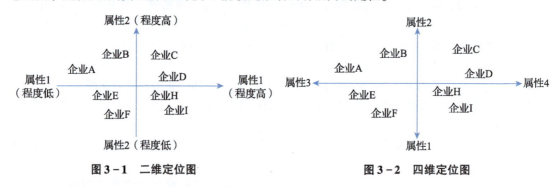

图3-1 二维定位图　　　　图3-2 四维定位图

4. 评估定位选择

当绘制出定位图后,企业要在定位图中找出进行差异化定位的位置,并对这种差异化定位进行评估。

(1)定位选择。

1)加强与竞争对手相对应的现有定位。这是一种避免直接竞争的方法,通常这种方法适用于行业的追随者。如蒙牛在创业初期提出的口号"创内蒙古第二品牌"采用的就是这种定位方法。

2）选择尚未占据的市场位置。这种定位是指识别市场中尚未占据的市场空缺，然后占据这个市场空缺。王老吉在产品再定位时采取了这种定位方法，通过开创"预防上火饮料"这种新产品品类，占据了市场空缺并取得了巨大的成功。王老吉确定定位后的营销展开图如图3-3所示。

（2）对定位选择进行评估。

一旦企业进行了定位选择，就必须对其进行评估，主要包括以下几个方面：

1）定位是否有意义。定位能否给消费者创造价值，不能创造价值的定位是没有意义的。

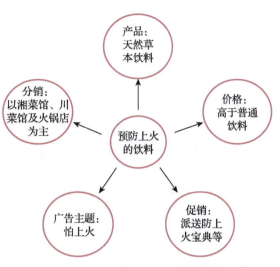

图3-3 王老吉确定定位后的营销展开图

2）定位是否可信。定位必须考虑企业的资源和能力是否支持此定位，无法实现的定位会使消费者产生对企业的不信任，会给企业带来非常大的伤害。

3）定位是否能带来竞争优势。定位必须将企业和竞争者区分开来，并能够给企业带来差异性的竞争优势。

5. 准确表述定位

企业进行了定位选择后，需要把这种定位准确地表述出来，这种表述既要使企业的产品、品牌与竞争品相区别，又要将企业的品牌与消费者的身份、生活相联系。

6. 根据定位确定营销组合

企业在准确表述定位后，需要通过一系列营销组合来成功地实施定位。定位意味着战略方向的确定，而营销组合是沿着定位的方向进行所有营销活动，营销组合的所有元素都可以用来影响顾客的感觉以及与此相关的产品或企业的定位。

3.1.4 细分市场分析

细分市场分析包括：根据细分市场历史数据确定相应的优势细分市场，编制优势细分市场列表；根据产品特点和消费者需求关联目标细分市场，编制关联列表；通过定性与定量的分析方法进行匹配度分析，编制匹配度相应列表。

市场细分是指企业根据自身条件和经营目标，以需求的某些特征或变量为依据，区分具有不同需求的顾客群体的过程。细分市场有利于企业选择目标市场和制定市场营销策略，有利于发掘市场机会、开拓新市场，有利于集中人力、物力投入目标市场，有利于企业提高经济效益。

市场细分主要包括选定产品市场范围、确定市场细分变量、依据变量细分市场、评估各个细分市场、确定最终目标市场、设计整合营销策略六个步骤。

1. 选定产品市场范围

企业应当明确自己产品的市场范围,并以此作为市场细分研究的整个市场边界。例如,音乐产业指的是以售卖音乐相关的产品来获取回报的行业。

2. 确定市场细分变量

市场细分变量是指那些反映需求内在差异,同时能作为市场细分依据的可变因素,由于这些因素的差异,消费者的消费行为呈现出多样化的特点。

（1）人口特征变量。如年龄、性别、收入、职业、教育、婚姻、家庭人口等。
（2）地理特征变量。如居住区域、城市规模、经济水平、气候等。
（3）消费心理特征变量。如生活方式、个性、社会阶层等。
（4）消费行为特征变量。如产品/品牌利益、使用率、品牌忠诚度等。

3. 依据变量细分市场

单一的变量很难有效地细分市场,通常采用综合的变量细分市场。例如,综合社会阶层、年龄和使用率三个变量来细分市场;也可通过设置产品变量和用户变量,最终用矩阵图来识别。

4. 评估各个细分市场

获得细分市场后,需要评估细分市场的有效性。可以从以下方面评估各个细分市场的有效性与价值:

（1）足量性,即细分市场的大小需要保证能够带来利润。
（2）稳定性,即细分市场在一定时间内不会发生较大的改变。
（3）可衡量性,即细分市场的消费群特征要容易衡量。
（4）可接近性,即细分市场必须能够使企业有效地接触。
（5）可行动性,即细分市场必须能够使企业有效地制定营销策略。

5. 确定最终目标市场

企业能够选择一个或者多个细分的消费者群体作为自己的目标市场。在选择细分市场时,有两个原则很重要:

（1）细分市场足够大,并且有利可图。
（2）通过自身的经营可以高效触达市场。

6. 设计整合营销策略

企业根据目标市场的具体特征,设计富有针对性的整合营销策略。市场细分的营销策略主要有无差异营销策略和集中营销策略。

3.1.5 市场生命周期分析

市场生命周期为市场从出现、兴盛至消失所经历的各个阶段。不同市场生命周期阶段有各自适用的行销策略。

1. 市场生命周期分析的目的

市场生命周期对于行业分析非常重要，不同阶段有着不同的市场特点，而且不同的市场都会形成自己独特的生命周期，一般可总结为四个时期：启动期、成长期、成熟期、衰退期。不同时期面临的问题也不同。

（1）启动期——解决用户认知的问题，重点在于传播。
（2）成长期——解决用户转化的问题，重点在于运营。
（3）成熟期——解决用户留存的问题，重点在于品牌建设。
（4）衰退期——解决产品转型和创新的问题。

进入衰退期并不代表这个行业没有吸引力，或者即将被替代，优秀的产品有机会让行业重新焕发生机，新的细分也可以重新创造用户需求。

市场生命周期分析的目的在于根据市场历史数据判定出该细分市场所处的生命周期；通过行业资讯、领域专家意见，以及历史数据确定该细分市场所处生命周期中的机遇与挑战；根据细分市场所处生命周期给出改善建议。

2. 不同市场生命周期阶段适用的营销策略

在启动阶段，企业可以选择以下三种策略：

（1）设计出能够吸引市场中小部分消费者的产品，这样可以让小公司避免与大型竞争者发生直接竞争。
（2）同时推出两种或者多种产品以抓住市场中的多个消费群体，当消费者偏好存在一定差异时，这会是一种适当的做法。
（3）设计一个具有最大可能吸引力的产品来打入市场，对于拥有实质资源和配销能力的大型公司来说，这样的做法效果会更好。

对于欲进入一个处于成长阶段市场的企业而言，有以下三种策略可以选择：

（1）专门经营一个小的消费者群体。
（2）和市场的先驱者直接竞争。
（3）尝试同时经营市场中的多个小型消费者群体。

当市场进入成熟阶段，竞争性策略的焦点应该放在寻找有创意的新产品或降低价格以争取市场占有率上。在衰退阶段，竞争者必须决定是否进入另一个市场，或是趁其他公司另辟战场时大举扩张市场占有率。

3.1.6 行业竞争分析

行业竞争分析包括：通过网络及纸质等渠道进行同类企业市场信息收集；进行同类企业与本企业市场相关性与差异性的分析，编写市场差异性分析报告；通过SWOT分析法分析自身企业的机遇与挑战，编制SWOT分析图表。

1. 行业竞争分析的目的

市场是充满竞争的，企业必须准确判断自己在行业中的市场地位，正确制定自己的竞争策略。行业竞争分析的目的在于进行同类企业与本企业市场相关性与差异性的分析，分析自身企业的机遇与挑战，从而更好地创造市场价值与竞争优势，进而赢得用户、赢得市场。

2. 行业竞争分析的方法

迈克尔·波特在行业竞争五力分析的基础上构建了行业竞争结构分析模型，从而使企业管理者可以从定性和定量两个方面分析行业竞争结构和竞争状况。五种力量分别为供方的议价能力、买方的议价能力、新进者的威胁、替代品的威胁及同业竞争者的竞争能力。

（1）供方的议价能力。供方主要通过提高投入要素，影响行业中现有企业的盈利能力与产品竞争力。一般来说，满足如下条件的供方会具有比较强大的讨价还价能力：

1）供方有比较稳固的市场地位，不受市场激烈竞争困扰，产品的买主很多，每一个买主都不可能成为供方的重要客户。

2）供方的产品具有特色，买主难以转换或转换成本太高，或者很难找到可与供方企业产品相竞争的替代品。

（2）买方的议价能力。买方主要通过压价与要求提供较高的产品或服务质量的能力，影响行业中现有企业的盈利能力。一般来说，满足如下条件的买方具有比较强大的讨价还价能力：

1）买方的总数较少，而每个购买者的购买量较大，占了卖方销售量的很大比例。

2）卖方规模较小。购买者所购买的基本上是一种标准化产品，可同时向多个卖主购买产品。

（3）新进者的威胁。新进者在给行业带来新生产力、新资源的同时，还希望在已被现有企业瓜分完毕的市场中赢得一席之地，这就有可能与现有企业发生原材料与市场份额的竞争，最终导致行业中现有企业盈利水平降低，严重的话还有可能危及这些企业的生存。

（4）替代品的威胁。处于同行业或不同行业的企业，可能会生产新一代的产品（替代品），从而产生相互竞争。替代品会以下形式影响行业中现有企业的竞争：

1）现有企业产品售价及获利潜力的提高，将由于存在着能被用户方便接受的替代品而受到限制。

2）由于替代品生产者的侵入，现有企业必须提高产品质量，或者通过降低成本来降低售价，或者使其产品具有特色。

3）源自替代品生产者的竞争强度，以及产品买主转换成本高低的影响。

（5）同业竞争者的竞争能力。多数行业中的企业，相互之间的利益都是紧密联系在一起的。作为企业整体战略一部分的各企业竞争战略，其目标在于使得自己的企业获得相对于竞争对手的优势。所以，在实施中就必然会产生冲突与对抗的现象，这些冲突与对抗就构成了现有企业之间的竞争。现有企业之间的竞争常常表现在价格、广告、产品介绍、售后服务等方面。

3.2 产品分析

产品分析包括产品需求分析、用户特征分析、竞争对手分析、产品生命周期分析等内容，通过对产品需求、用户特征、竞争对手、产品生命周期等各个环节的分析，对产品开发及市场走向进行预测与给出建议。

3.2.1 产品需求分析

产品需求分析包括：根据典型用户特征分析结果，收集用户对产品需求的偏好；通过整理分析需求偏好，提出产品开发的价格区间、功能卖点、产品创新、包装等建议；通过产品的不断升级和换代，建立用户对产品及品牌持久的黏性。

1. 产品需求分析的内容

对上一阶段选定的目标用户群进行抽样研究，通过记录某一特定类型用户的生活或业务使用的体验，洞察用户的典型行为或生活习惯，了解他们在特定场景下的需求，结合企业自身的能力，拓展业务创新的空间。

2. 产品需求分析的步骤

（1）需求采集。需求采集的方式根据来源渠道的差异可分为外部和内部两大类。

1）外部：通过互联网、行业协会和商会、政府机构、新闻媒体、调研机构和公司、消费者组织等获得。

2）内部：通过营销资料（不同产品、时期、顾客、分销渠道的销售记录及市场占有率等）、业务资料（订货单、进货单、发货单、销售记录等）、统计资料（统计报表、企业销售、库存等数据资料）、财务资料（财务报表、会计核算、产品价格、成本等资料）、顾客资料（顾客档案、服务记录、退货信息等）等获得。

（2）需求分类。需求可分为功能性需求、设计类需求、数据类型需求等，具体可分为：

1）基本需求（能够解决最基本的问题）。

2）易用性需求（用户体验，方便使用）。

3）可操作性需求（产品的操作环境，以及对该操作环境必须考虑的问题）。

4）运营需求（有利于产品运营的相关需求）。

5）正常及法律需求（保证产品本身以及用户的使用不触犯法律）。

6）安全性需求（产品的安全保密性、支付的安全性、用户信息的安全性）。

7）性能需求（功能的实现必须多快、多可靠、多精确，以及处理量有多少）。

8）可维护和可移植性需求（系统维护或者移植）。

（3）需求分析。需求分析是指从用户提出的需求出发，找到用户内心真正的渴望，再转化为产品需求的过程。需求分析包括以下内容：筛选不合理需求，挖掘用户目标，匹配产品，定义优先级。

（4）需求评审。有了确切的需求方案后可进行可行性评审，这一步必不可少。出现的"落不了地"和"频繁更换"问题，要着重在这个步骤里解决。可行性评审完成的是对需求的大致评估，主要包括：需求本身的可行性、替代方案、涉及的产品或技术环节、成本估算。

3.2.2 用户特征分析

用户特征分析包括：根据研究目的，确定典型用户特征的分析内容；做好关于用户年龄、地域、消费能力、消费偏好等数据的收集与整理工作；通过 Excel 等工具分析用户数据，赋予不同的人群标签。

1. 用户特征分析的目的

用户特征分析的目的是通过对用户生活形态分群的方法，按照用户的价值观和生活形态特征，对用户进行分群，形成具有典型性的细分群组，并且总结提炼出该群组用户的一般特征，清晰定位目标市场与目标用户群体，指导产品开发和创新。用户特征分析主要解决目标用户是谁、市场预期容量有多大的问题。在设计内容过程中，一切围绕着客户，以客户为中心，了解客户的需求，采集客户的特征信息，并倾听他们的想法或与他们的需求和使用方式相关的问题。

2. 用户特征分析的步骤

（1）列出主要用户。列出主要用户时可以从用户职业类别角度考虑：提及网站上的内容时，人们是如何给它们定义的？例如：

1）患者、保健师、研究人员。

2）家长、教师、学生。

3）乘客、飞行员、机械师、机场工作人员。

也可以从用户属性角度考虑：

1）经常购买游戏装备的人、偶尔购买游戏装备的人。

2）本地客户、外来游客。

3）购物者、浏览者。

（2）收集用户信息。理解用户从"为用户考虑"做起，但这远远不够，只有对用户和他们的真实情况进行深入的研究，才会了解他们是什么样的人，他们有怎样的需求，以及如何为他们编写网站内容。

下面为大家提供一些了解用户的建议：

1）考虑网站的使命。网站为哪些人服务？要协助这些人完成什么工作？

2）让网站用户填写简短的问卷。询问有关他们使用网站的原因，以及是否在网站上找到了所需内容等问题。

3）观察用户，倾听用户的心声。阅读来自客户投诉、咨询的内容，了解客户在网站上遇到的问题。

此外，还可通过对使用（或可能使用）网站的用户进行访谈来收集用户信息，内容如下：

1）情景访谈。

2）关键事件访谈。

3）对现有内容进行可行性测试。

（3）列出每个用户的关键特征。知道了哪些人浏览（或应该浏览）你的网站之后，还应该列出每个用户的相关特征，主要包含以下几个方面：

1）关键短语或语录。

2）经验和专业知识。

3）性情。

4）价值观。

5）技术水平。

6）社会及文化背景。

7）人口统计学信息（年龄等）。

3.2.3 竞争对手分析

竞争对手分析包括：通过分析目标客户、定价策略、市场占有率等确定竞争对手；对竞争对手产品价格、销售渠道、促销手段等方面进行调研，归纳整理调研数据；通过 SWOT 分析法，得出竞争对手的产品及自身产品的优劣势。

1. 竞争对手分析的目的

通过对竞争对手的分析，尽可能帮助公司决策者和管理层从公司的战略发展入手，了解对手的竞争态势，为公司的战略选择、制定、服务提供信息支持，为公司持续发展和提高行业竞争能力提供信息保障，并据此制定出适当的竞争策略。通过对竞争对手的分析，能为公司提供竞争指导策略，如回避策略、竞争策略、跟随策略等。

2. 竞争对手分析的内容

（1）识别企业的竞争对手。从行业的角度来看，企业的竞争对手有现有厂商、潜在加入者、替代品厂商。现有厂商指本行业内现有的与企业生产同样产品的其他厂家，这些厂家是企业的直接竞争者；潜在加入者指当某一行业前景乐观、有利可图时，会引来新的竞争企业，使该行业的生产能力增加，并要求重新瓜分市场份额和主要资源；替代品厂商指生产与某一产品具有相同功能、能满足某一需求的不同性质的其他产品的企业。随着科学技术的发展，替代品将越来越多，某一行业的所有企业都将面临与生产替代品的其他行业的企业进行竞争。

从市场方面看，企业的竞争对手有品牌竞争者、行业竞争者、需要竞争者、消费竞争者。企业把同一行业中以相似价格向相同的顾客提供类似产品或服务的其他企业称为品牌竞争者，如家用空调市场中，格力空调、海尔空调、三菱空调等厂家之间的关系。品牌竞争者之间的产品相互替代性较强，因此竞争非常激烈，各企业均以培养顾客对品牌的忠诚度作为争夺顾客的重要手段，企业把提供同种或同类产品，但规格、型号、款式不同的其他企业称为行业竞争者。所有同行业的企业之间存在彼此争夺市场的竞争关系，如生产家用空调与生产中央空调的厂家、生产高档汽车与生产中档汽车的厂家之间的关系。提供不同种类的产品，但满足和实现消费者同种需要的企业称为需要竞争者，如航空公司、铁路客运、长途客运之间竞相满足消费者的同一需要。提供不同产品，满足消费者的不同愿望，但目标消费者相同的企业称为消费竞争者，如很多消费者收入水平提高后，可以把钱用于旅游，也可用于购买汽车或购置房产，因而这些企业间存在相互争夺消费者购买力的竞争关系。消费者消费支出结构的变化，对企业的竞争有很大影响。

（2）识别竞争对手的目标和战略。在识别了主要竞争者之后，企业经营者接着应回答的问题是：每个竞争者在市场上寻求什么？什么是竞争者行动的动力？最初经营者推测，所有竞争者都追求利润最大化，并以此为出发点采取各种行为。但是，这种假设过于简单。不同的企业对长期利益与短期利益各有侧重。有些竞争者更趋向于获得"满意"的利润而不是"最大利润"。尽管有时通过一些其他的战略可能使竞争者取得更多的利润，但他们有自己的利润目标，只要达到既定目标就满足了。

企业必须跟踪了解竞争者进入新的产品细分市场的目标。若发现竞争者开拓了一个新的细分市场，这对企业来说可能是一个发展机遇；若企业发现竞争者开始进入本企业经营的市场，这意味着企业将面临新的竞争与挑战。对于这些市场竞争动态，企业若了如指掌，就可以争取主动，有备无患。

各企业采取的战略越相似，他们之间的竞争就越激烈。在多数行业中，根据所采取的主要战略不同，可将竞争者划分为不同的战略群体。例如，在美国的主要电气行业中，通用电气公司、惠普公司和施乐公司都提供了中等价位的各种电器，因此可将它们划分为统一战略群体。

根据对战略群体的划分，可以归纳出两点：

一是进入各个战略群体的难易程度不同，一般小型企业适于进入投资和声誉都较低的群体，因为这类群体较易打入；而实力雄厚的大型企业则可考虑进入竞争性强的群体。

二是当企业决定进入某一战略群体时，首先要明确谁是主要的竞争对手，然后决定自己的竞争战略。

除了在统一战略群体内存在激烈竞争，在不同战略群体之间也存在竞争，因为：①某些战略群体可能具有相同的目标客户；②顾客可能分不清不同战略群体的产品的区别，如分不清高档货和中档货的区别；③属于某个战略群体的企业可能改变战略，进入另一个战略群体，如提供高档住宅的企业可能转而开发普通住宅。

（3）评估竞争对手的优势和劣势。在市场竞争中，企业需要分析竞争对手的优势与劣势，做到知己知彼，才能有针对性地制定正确的市场竞争战略，以避其锋芒、攻其弱点、出其不意，利用竞争对手的劣势来争取市场竞争的优势，从而实现企业营销目标。竞争对手的优劣势分析可从以下八个方面展开：

1）产品：竞争对手产品在市场上的地位、产品的适销性、产品系列的宽度与深度。

2）销售渠道：竞争对手销售渠道的广度与深度、销售渠道的效率与实力、销售渠道的服务能力。

3）市场营销：竞争对手市场营销手段组合的水平、市场调研与新产品开发的能力、销售队伍的培训与技能。

4）生产与经营：竞争对手的生产规模与生产成本水平、设施与设备的技术先进性与灵活性、专利与专有技术、生产能力的扩展；质量控制与成本控制、区位优势、员工状况、原材料的来源与成本、纵向整合程度。

5）研发能力：竞争对手内部在产品、工艺、基础研究、仿制等方面所具有的研究与开发能力；研究与开发人员的创造性、可靠性、简化能力等方面的素质与技能。

6）资金实力：竞争对手的资金结构、筹资能力、现金流量、资信度、财务比率、财务管理能力。

7）组织：竞争对手组织成员价值观的一致性与目标的明确性、组织结构与企业策略的一致性、组织结构与信息传递的有效性、组织对环境因素变化的适应性与反应程度、组织成员的素质。

8）管理能力：竞争对手企业管理者的领导素质与激励能力，协调能力，管理者的专业知识，管理决策的灵活性、适应性、前瞻性。

（4）评估竞争对手的反应模式。

1）迟钝型竞争者。某些竞争对手对市场竞争措施的反应不强烈，行动迟缓。这可能是因为竞争对手受到自身资金、规模、技术等方面能力的限制，无法做出适当的反应；也可能是因为竞争对手对自己的竞争力过于自信，不屑于采取应对措施；还可能是因为竞争对手对市场竞争措施重视不够，未能及时捕捉到市场竞争变化的信息。

2）选择型竞争者。某些竞争对手对不同的市场竞争措施的反应是有区别的，例如，大多数竞争对手对降低价格这样的竞争措施总是反应敏锐，倾向于做出强烈的反应，力求在第一时间采取措施进行反击，而对改善服务、增加广告、改进产品、强化促销等非价格竞争措施则不太在意，认为不构成对自己的直接威胁。

3）强烈反应型竞争者。某些竞争对手对市场竞争因素的变化十分敏感，一旦受到来自竞争对手的挑战就会迅速地做出强烈的市场反应，进行激烈的报复和反击，势必将挑战自己的竞争对手置于死地。这种报复措施往往是全面的、致命的，甚至是不计后果的，不达目的决不罢休。这些强烈反应型竞争者通常都是市场上的领先者，具有某些竞争优势。一般企业轻易不敢或不愿挑战其在市场上的权威，尽量避免与其进行直接的正面交锋。

4）不规则型竞争者。某些竞争对手对市场竞争所做出的反应通常是随机的，往往不按规则出牌，使人感到不可捉摸。例如，不规则型竞争者在某些时候可能会对市场竞争的变化做出反应，也可能不做出反应；他们既可能迅速做出反应，也可能反应迟缓；其反应既可能是剧烈的，也可能是柔和的。

3. 竞争对手的分析方法

竞争对手分析方法有波特五力模型、SWOT 模型、普赖斯科特模型、三维分析法等。其中最常用的为 SWOT 模型：S（Strengths，优势）、W（Weakness，劣势）、O（Opportunities，机会）、T（Threats，威胁）。其中，S 和 W 为内部关键因素，O 和 T 为外部关键因素。

3.2.4 用户体验分析

用户体验分析包括：通过用户访谈或工具软件收集数据，了解用户体验现状；跟踪和分析用户对产品的反馈，检测产品使用状况并及时提出改进方案；识别用户痛点及产品机会，组织有价值的典型用户参与产品设计，评估产品价值及用户体验。

1. 用户体验的含义

用户体验是用户在使用产品的过程中建立起来的一种主观感受，通俗来讲就是"这个产品好不好用，用起来方不方便"。

2. 用户体验分析的内容

用户体验中有可以量化的部分，也有不可以量化的部分。通常来说，量化评价用户体验的实质是评价产品的可用性。

3.2.5 产品生命周期分析

产品生命周期分析包括：利用分析工具汇总产品部、运营部、客服部等产品销售数据；同时密切监控季节、气温、地域等因素对产品周期性销售数据的影响；再根据得出的分析结论协助指导采购、生产等部门合理安排采购及生产计划。

1. 产品生命周期的含义

产品生命周期是指产品的市场寿命。一种产品进入市场后，它的销售量和利润都会随着时间的推移而改变，呈现一个由少到多、由多到少的过程，如同人的生命一样，由出生、成长到成熟，最终走向衰亡，这就是产品的生命周期现象。所谓产品生命周期，是指产品从进入市场开始，直到最终退出市场为止所经历的过程。产品只有经过研究开发、试销，然后进入市场，它的市场生命周期才算开始。产品退出市场，则标志着生命周期的结束。

2. 产品生命周期的阶段

典型的产品生命周期一般可分为四个阶段，即投入期、成长期、成熟期和衰退期。

（1）投入期。新产品投入市场，便进入投入期。此时，顾客对产品还不了解，只是少数追求新奇的顾客可能购买，销售量很低。为了扩展销路，需要花费大量的促销费用对产品进行宣传。在这一阶段，由于技术方面的原因，产品不能大批量生产，因而成本高、销售额增长缓慢，企业不但得不到利润，反而可能亏损，产品有待进一步完善。

（2）成长期。这时顾客对产品已经熟悉，大量的新顾客开始购买产品，市场逐步扩大。产品大批量生产，生产成本相对降低，企业的销售额迅速上升，利润也迅速增长。竞争者看到有利可图，将纷纷进入市场参与竞争，使同类产品供给量增加，价格随之下降，企业利润的增长速度逐步减慢，最后达到生命周期利润的最高点。

（3）成熟期。市场需求趋向饱和，潜在的顾客已经很少，销售额增长缓慢直至下降，标志着产品进入了成熟期。在这一阶段，竞争逐渐加剧，产品售价降低，促销费用增加，企业利润下降。

（4）衰退期。随着科学技术的发展，新产品或新的代用品出现，使顾客的消费习惯发生改变，转向其他产品，从而使原来产品的销售额和利润额迅速下降。于是，产品进入了衰退期。

此外，美国哈佛大学教授费农还把产品生命周期分为三个阶段，即新产品阶段、成熟产品阶段和标准化产品阶段。在新产品阶段，创新国利用其拥有的垄断技术优势开发新产品；由于产品尚未完全成型，技术上还有待完善；加之竞争者少，市场竞争不激烈，替代品少，产品附加值高，国内市场就能满足其获取高额利润的要求等，产品极少出口到其他国家，绝大部分产品都在国内销售。在成熟产品阶段，由于创新国技术垄断和市场寡占地位的打破，竞争者增加，市场竞争激烈，替代品增多，产品的附加值不断走低，企业越来越重视降低产品成本，较低的成本使企业开始处于越来越有利的地位；且创新国和一般发达国家市场开始出现饱和，为降低成本，提高经济效益，抑制国内外竞争者，企业纷纷到发展中国家投资建厂，逐步放弃国内生产。在标准化产品阶段，产品的生产技术、生产规模及产品本身已经完全成熟，这时对生产者技能的要求不高，原来新产品企业的垄断技术优势已经消失，成本、价格因素已经成为决定性的因素，并且发展中国家已经具备明显的成本优势，创新国和一般发达国家为进一步降低生产成本，开始大量地在发展中国家投资建厂，再将产品远销至别国和第三国市场。

3. 各产品生命阶段的营销策略

典型的产品生命周期的四个阶段呈现出不同的市场特征，企业的营销策略也就以各阶段的特征为基点来制定和实施。

（1）投入期市场营销策略。介绍期的特征是产品销量低，促销费用高，制造成本高，销售利润很低甚至为负值。根据这一阶段的特点，企业应努力做到：投入市场的产品要有针对性；进入市场的时机要合适；设法把销售力量直接投向最有可能的购买者，使市场尽快接受该产品，以缩短投入期，更快地进入成长期。在产品的投入期，一般可以由产品、分销、价格、促销四个基本要素组成各种不同的市场营销策略。仅将价格高低与促销费用高低结合起来考虑，就有下面四种策略。

1) 快速撇脂策略。以高价格、高促销费用推出新产品。实行高价策略可在每单位销售额中获取最大利润，尽快收回投资成本；高促销费用能够快速建立知名度，占领市场。实施这一策略需具备以下条件：产品有较大的需求潜力；目标顾客求新心理强，急于购买新产品；企业面临潜在竞争者的威胁，需要及早树立品牌形象。一般而言，在产品引入阶段，只要新产品比替代的产品有明显的优势，市场对其价格就不会那么计较。

2) 缓慢撇脂策略。以高价格、低促销费用推出新产品。该策略的目的是以尽可能低的费用开支求得更多的利润，实施这一策略的条件是市场规模较小，产品已有一定的知名度，目标顾客愿意支付高价，潜在竞争者的威胁不大。

3) 快速渗透策略。以高价格、低促销费用推出新产品。该策略的目的在于先发制人，以最快的速度打入市场，取得尽可能大的市场占有率。然后随着销量和产量的扩大，使单位成本降低，取得规模效益。实施这一策略的条件是该产品市场容量相当大，潜在消费者对产品不了解，且对价格十分敏感，潜在竞争较为激烈，产品的单位制造成本可随生产规模和销售量的扩大迅速降低。

4) 缓慢渗透策略。以低价格、低促销费用推出新产品。低价可扩大销售，低促销费用可降低营销成本，增加利润。实施这一策略的条件是市场容量很大，市场上该产品的知名度较高，市场对价格十分敏感，存在某些潜在的竞争者，但威胁不大。

(2) 成长期市场营销策略。新产品经过市场介绍期后，消费者对该产品已经熟悉，消费习惯也已经形成，销售量迅速增长，这时新产品就进入了成长期。进入成长期后，老顾客重复购买，并且带来了新的顾客，销售量激增，企业利润迅速增长，在这一阶段利润达到高峰。随着销售量的增大，企业生产规模也逐步扩大，产品成本逐步降低，新的竞争者会投入竞争。随着竞争的加剧，新的产品特性开始出现，产品市场开始细分，分销渠道增加。企业为维持市场的继续成长，需要保持或稍微增加促销费用，但由于销量增加，平均促销费用有所下降。针对成长期的特点，企业为维持其市场增长率，延长获取最大利润的时间，可以采取下面几种策略。

1) 改善产品品质。例如增加新的功能，改变产品款式，发展新的型号，开发新的用途等。对产品进行改进，可以提高产品的竞争能力，满足顾客更广泛的需求，吸引更多的顾客。

2) 寻找新的细分市场。通过市场细分，找到新的尚未满足的细分市场，根据其需要组织生产，迅速进入这一新的市场。

3) 改变广告宣传的重心。把广告宣传的重心从介绍产品转到树立产品形象上来，树立产品名牌，维系老顾客，吸引新顾客。

4) 适时降价。在适当的时机，可以采取降价策略，以激发那些对价格比较敏感的消费者产生购买动机和采取购买行动。

(3) 成熟期市场营销策略。进入成熟期后，产品的销售量增长缓慢，逐步达到高峰，然后缓慢下降；产品的销售利润也从成长期的最高点开始下降；市场竞争非常激烈，各种品牌、各种款式的同类产品不断出现。对成熟期的产品，宜采取主动出击的策略，使成熟期延长，或使产品生命周期出现再循环。为此，可以采取以下三种策略：

1) 市场调整。这种策略不是要调整产品本身，而是发现产品的新用途、寻求新的用户或改变推销方式等，以使产品销售量得以扩大。

2) 产品调整。这种策略是通过产品自身的调整来满足顾客的不同需要，吸引有不同需求的顾客。整体产品概念的任何一个层次的调整都可视为产品再推出。

3）市场营销组合调整。这种策略是通过对产品、定价、渠道、促销四个市场营销组合因素加以综合调整，刺激销售量的回升。常用的方法包括降价、提高促销水平、扩展分销渠道和提高服务质量等。

（4）衰退期市场营销策略。衰退期的主要特点是产品销售量急剧下降，企业从这种产品中获得的利润很低甚至为零，大量的竞争者退出市场，消费者的消费习惯已发生改变等。面对处于衰退期的产品，企业需要进行认真的研究分析，决定采取什么策略，在什么时间退出市场。通常有以下几种策略可供选择：

1）继续策略。继续沿用过去的策略，仍按照原来的细分市场，使用相同的分销渠道、定价及促销方式，直到这种产品完全退出市场为止。

2）集中策略。把企业能力和资源集中在最有利的细分市场和分销渠道上，从中获取利润。这样有利于缩短产品退出市场的时间，同时又能为企业创造更多的利润。

3）收缩策略。抛弃无希望的顾客群体，大幅度降低促销水平，尽量减少促销费用，以增加利润。这样可能导致产品在市场上的衰退加速，但也能从忠实于这种产品的顾客中得到利润。

4）放弃策略。对于衰退比较迅速的产品，应该当机立断，放弃经营。可以采取完全放弃的形式，如把产品完全转移出去或立即停止生产；也可采取逐步放弃的方式，使其所占用的资源逐步转向其他的产品。

3.3 运营分析

运营分析通常在产品、客服岗位完成，该岗位设置在产品部、运营部、客服部，与设计部、美工部、生产部等均有配合及合作。运营分析包括推广数据分析、销售数据分析、客服数据分析。

3.3.1 推广数据分析

推广数据分析包括：根据公司已有商务推广数据及公司现状、商品维度、外部竞争数据等，确定数据分析目标；根据数据分析目标和公司现有商务推广数据，制定分析原则和分析策略；根据数据分析目标、分析原则和分析策略，确定详细的分析步骤及时间规划；根据整体规划划分阶段目标，通过 Excel 及 PPT 等分析汇报工具，规划分析方案；根据具体推广业务和推广方式，对数据进行合并或拆分操作，以便对数据进行分析；根据业务和分析工具，对数据进行标准化、归一化或对定性数据进行量化操作；根据现有推广数据，分析各种推广方式、推广渠道对不同人群的推广效果；对应适合不同人群的推广方式和推广渠道提出合理的推广建议；根据现有推广数据，分析各种推广方式、推广渠道的整体效果；对分析出的各种推广渠道的整体效果能够图表化展现；对分析出的各种推广方式、推广渠道、面向人群互相结合的效果进行图表化展现。

企业里设有市场推广、市场营销等类似岗位，帮助企业推广产品，拓展市场占有率，尤其对于互联网零售电商，主要销售平台在网上，做好互联网推广工作是企业销售的重中之重。

进行推广数据分析，首先要明确此次推广的目标定位，然后围绕该目标收集相关的数据，整理并分析相应的数据，找到推广中的优势与不足，最后调整相关的推广策略和内容，改善推广效果。

1. 明确推广目标定位

针对不同的推广方式，需要明确企业在做推广时的直接目标，然后围绕这个直接目标收集数据、分析推广效果。如果存在多个推广目标，容易使推广数据的分析出现偏差。

企业进行推广的目的是销售，但方式千差万别，不同的推广方式往往有不同的推广侧重点。有些推广方式直接为了销售赚钱，比如电话营销、电子邮件营销、地面推广、团购活动等；也有些推广方式以提升品牌影响力为主，比如免费试用；还有些推广方式以带动展现机会为主，比如直通车推广带动商品搜索排名。直通车是为淘宝和天猫卖家量身定制的，按点击付费的效果营销工具，可以在卖家商品自然搜索排名靠后的情况下获取 SEM（Search Engine Marketing，搜索引擎营销）点击付费流量，帮助销售商品和提升商品排名。因此，在实际使用中，存在两种目的：一种是以销售为主，辅助维持商品排名；另一种以提升商品排名为主，不考虑直通车直接销售效果。

2. 收集推广目标数据

明确推广目标后，就可围绕相应的目标收集推广数据，或者测试推广方案，获取测试的推广数据，进行进一步整理分析。

以淘宝和天猫平台的直通车为例，如果进行直通车推广纯粹是为了提升商品的排名，那么就要重点关注推广计划和推广关键词的展现量、点击量、点击率数据。如果进行直通车推广的目的是销售商品，获取利润，那么就要重点关注推广计划和推广关键词的投入产出比、转化率。以后者为例，进一步展开分析，直通车投入产出比和转化率的数据与直通车的精准投放有重大关系。

直通车的精准投放通过关键词来实现，只有搜索选定的关键词的客户，才能够看到和点击推广的商品，产生费用。但是，搜索的人群存在不同年龄、不同地域、不同消费能力、不同消费习惯等一系列差别，并且同一关键词搜索展现的商品也存在差异，因此，需要通过数据分析得出该商品的目标客户，才能实现精准投放。

3. 整理和分析目标数据

选出精准需求的人群是精准投放的前提。而要找出精准需求的人群，需要对投入产出比、转化率、点击率等数据进行整理和分析。其中，投入产出比和转化率数据体现了该人群的购买意愿，而点击率是点击基数的保证。又由于投入产出比的数值受到转化率和客单价的综合影响，所以可优先选择转化率作为转化效果数据，选择点击率作为点击基数数值。因此，可优先关注投入产出比和转化率数据，其次关注点击率。

3.3.2 销售数据分析

销售数据分析包括：通过对历史销售数据的评估，进行企业销售目标的定位；通过市场调研，归纳整理调研数据，设计销售指标；运用 Excel 等数据管理工具和调用平台数据，制定销售业绩、价格体系、区域布局、产品结构、销售业绩异动等指标；通过建立多维报表，明确销售任务；制作销售多维报表，得出整体销售分析指标；通过整体销售分析指标和内部报告系统或数据采集工具，获取销售数据；通过与客服部门沟通，获取销售反馈信息；对数据进行整理和清洗，保证数据的有效性和完整性；对整体销售进行分析，包括销售额、销售量、季节性分析、产品结构分析、价格体系分析；对销售区域进行分析，包括区域分布分析、重点区域分析、区域销售异动分析、区域-产品分析；对产品线进行分析，包括产品系列结构分布分析、产品-区域分析；对价格体系进行分析，包括价格体系构成分析、价格-产品分析、价格-区域分析；根据既往数据进行预测，包括总体销售预测、区域销售预测、季节性销售变化预测；针对电商平台特有的指标，如货品流失率、客单价、存销比等进行分析及预测；对数据可视化方案进行设计，结合业务场景设计实用的可视化方案；应用可视化方案对已分析出的销售数据结果进行展现。

简单来说，网店的销售额=展现量×点击率×转化率×客单价。

网店商品的展现量与商品的搜索排名有重大关系。商品的点击率与商品价格、主图设计等有重大关系。展现量与点击率相乘得到点击量。在实际网店经营中，可用数据去重的访客数替代数据存在重复计算的点击量，将更具参考价值。

转化率与商品详情页设计、促销活动等有重大关系，反映网店商品对每一位访客的吸引力。在访客数稳定的情况下，提高转化率就能提高网店的销售额；反之，销售额下降。

3.3.3　客服数据分析

客服数据分析包括：根据企业目标、运营过程、历史数据、企业环境，进行分析目标设计；通过调研企业领导及各层次人员，收集历史数据及递增幅度，定义成本、人员留存、销售成功率、人均销售收入、数据可用率、数据及时率、销售成功营销率等指标，以达到提升运营质量、降低成本、开展精准营销等企业目标；将具体的问题抽象成指标，以达成特定目标；通过收集基本数据，计算成本、人员留存、销售成功率、人均销售收入、数据可用率、数据及时率、销售成功营销率等指标；通过数据分析工具，分析转化率、响应时间、销售额等指标；分析售前、售中、售后指标；能够将数据结果以图表的方式展现给用户。

3.4　客户分析

客户分析通常在客户运营岗位完成，该岗位设置在运营部，与市场部、品牌部、策划部、客服部、设计部、物流部等均有配合及合作。客户分析就是根据客户数据来分析客户特征、评估客户价值，从而为客户指定相应的营销策略与资源配置计划。通过合理、系统的客户分析，企业可以知道不同的客户各有什么样的需求，分析客户消费特征与经济效益的关系，使运营策略得到最优的规划；更为重要的是可以发现潜在客户，从而进一步扩大商业规模，使企业得到快速的发展。一次完整的客户分析通常包括客户数据采集、客户画像（客户特征分析）、客户购买行为分析、客户价值分析等步骤。根据不同的出发点，实际在进行客户分析时会有所侧重，但是无论目的如何，分析的核心诉求都是准确的数据呈现和具有指导意义的结论。

3.4.1 客户数据收集

客户数据收集包括：了解 B 端（企业端）及 C 端（消费者端）的不同客户数据；熟悉公司品牌及产品定位、用户定位，了解和熟悉各业务部门的客户数据需求；通过客户的访问、浏览、购买、评价等行为数据对用户数据属性标签进行收集整理；熟练运用 Excel、CRM、评价分析、舆情监控等客户数据收集分析工具（软件）；掌握用问卷、调研等数据收集方法收集客户数据，并对数据进行清洗和处理。

1. 客户数据采集的目的

客户数据采集是企业营销活动的一项系统性工作，其目的是根据企业各部门的客户数据需求，通过可靠的数据来源与合适的数据采集方式获得、维护、更新客户数据，为后续的客户数据分析提供基础数据。

2. 客户数据采集的内容

客户数据主要分为描述性数据、行为性数据和关联性数据三种类型。以下分别介绍这三种客户数据的具体内容及常用采集方法，在实际采集过程中可根据研究目标进行项目的筛选。

（1）描述性数据。描述性数据主要用来理解客户基本属性的信息，如个人客户的联系信息、地理信息和人口统计信息，企业客户的社会经济统计信息等。

描述性数据主要描述客户基本属性的静态数据，大多数信息内容都可以通过工商注册信息、会员卡信息、历史订单等采集到。但是一些基本的客户描述性数据可能涉及客户的隐私，如客户收入等。对于客户描述性数据最主要的评价要素就是数据采集的准确性。在实际情况中，经常有一些企业知道为多少客户提供了服务，以及客户购买了什么，但是到了需要主动联络客户的时候，才发现往往缺乏能够描述客户特征的信息和与客户建立联系的方式，或是这些联络方式已经失效了，这都是因为企业没有很好地规划和有意识地采集和维护这些客户描述性数据。

描述性数据主要来自客户登记的会员信息、工商注册信息，以及已经通过企业的运营管理系统收集到的客户基本信息。

（2）行为性数据。客户的行为性数据一般包括客户购买服务或产品的记录、客户的服务或产品的消费记录、客户与企业的联络记录，以及客户的消费行为等信息。

采集客户行为性数据的主要目的是帮助企业的市场营销人员和客服人员在客户分析中掌握和理解客户的行为。客户的行为信息反映了客户的消费选择或是决策过程。

企业往往记录了大量的客户交易数据。例如，零售企业记录了客户的购物时间、购物商品类型、购物数量、购物价格等信息；电子商务网站记录了网上客户购物的交易数据，如客户购买的商品、交易的时间、购物的频率等；移动通信服务提供商记录了用户的通话时间、通话时长、呼叫客户号码、呼叫状态、通话频率等。

与客户描述性数据不同，客户的行为性数据主要是客户在消费和服务过程中的动态交易数据和交易过程中的辅助信息，需要实时地记录和采集。在拥有完备客户信息采集与管理系统的企业中，客户的交易记录和服务记录非常容易获得，而且从交易记录的角度来观察往往是比较完备的。但是需要认识到的是，客户的行为信息并不完全等同于客户的交易和消费记录。对客户的交易记录和其他行为数据进行必要的处理和分析后能够得到有用的信息，在此基础上进行汇总和提炼，才能得出客户的行为特征。

行为性数据一般来源于企业内部交易系统的交易记录，企业呼叫中心的客户服务和客户接触记录，营销活动中采集到的客户响应数据，以及与客户接触的其他销售人员与服务人员收集到的数据信息。因此，行为性数据可以通过工具软件、企业信息管理系统、访谈、观察等方法和手段获取。

（3）关联性数据。客户的关联性数据是指与客户行为相关的，反映和影响客户行为和心理等的相关信息。企业建立和维护关联性数据的主要目的是帮助企业的营销人员和客户分析人员深入理解影响客户行为的相关因素。客户关联性数据主要包括客户满意度、客户忠诚度、客户对产品与服务的偏好或态度、竞争对手行为等。

客户偏好信息主要是描述性客户的兴趣和爱好的信息。比如，有些客户喜欢户外运动，有些喜欢旅游，有些喜欢读书。这些数据有助于帮助企业了解客户的潜在消费需求。

这些关联性数据有时可以通过专门的数据调研和采集获得，如通过市场营销调研、客户研究等获得客户满意度、客户对产品或服务的偏好等；有时也需要应用复杂的客户关联分析来得到，如客户忠诚度、客户流失倾向、客户终身价值等。客户关联性数据经常是客户分析的核心目标。

以移动通信企业来说，其核心的关联性数据包括客户的终身价值、客户忠诚度、客户流失倾向、客户联络价值、客户呼入倾向等。关联性数据往往较难采集和获得，即使获得了也不容易结构化后导入业务应用系统和客户分析系统中。

规划、采集和应用客户关联性数据往往需要一定的创造性，而采集与应用关联性数据不是简单的技术问题，而往往是为实现与市场管理或客户管理直接相关的业务目标而需要解决的业务问题，如提高客户满意度、提高客户忠诚度、降低客户流失率、提高潜在客户发展效率、优化客户组合等核心的客户营销问题。

很多企业并没有有意识地采集过关联性数据，而对于高端客户和活跃客户来说，客户关联性数据可以有效地反映客户的行为倾向。对于很多企业来说，尤其是服务类企业，有效地掌握客户关联性数据对于营销策略和服务策略设计与实施至关重要。一些没能很好地采集和应用这些信息的企业往往会在激烈的竞争中丧失竞争优势和客户资源。

3. 客户数据采集的方法

对一个企业来说，它有很多机会找到并获取相关的客户信息。这些信息一般可以通过购买、租用或是合作的方式来收集。以下是企业收集客户信息的一些常用方法。

（1）向数据公司租用或购买。数据公司专门收集、整合和分析各类客户的数据和客户属性。专门从事这一领域的数据公司往往与政府及拥有大量数据的相关行业和机构有着良好而密切的合作关系。一般情况下，这类公司可以为企业提供成千上万的客户数据列表。在北京、上海、广州、深圳等国内大城市，这类公司发展非常迅速，已经开始成为数据营销领域的重要角色。

（2）向目录营销与直复营销组织购买。这类组织平时直接给消费者打电话或邮寄产品目录，他们往往掌握最新的客户联系方式和客户信息，只要有合适的价格，许多这样的公司都愿意分享他们的数据列表。

（3）从零售商处获取。一些大型的零售公司也会有丰富的客户会员数据，企业可以从大型零售公司那里收集客户信息。

（4）从信用卡公司获取。信用卡公司保存有大量的客户交易历史记录，这类数据的质量非常高。

（5）从信用调查公司获取。在国外，有专门从事客户信用调查的公司，这类公司一般愿意出售这些被调查客户的数据信息。

（6）请专业调查公司调查。在消费品行业、服务行业及其他一些行业中有许多专注于产品调查的专业调查公司。企业可以与这些专业调查公司合作，一方面可以利用这些公司经过长期积累而形成的客户数据库；另一方面可以请他们协助，对客户信息进行有针对性的调查。

（7）向消费者研究公司购买。消费者研究公司往往已经分析并构建起复杂的客户消费行为特征，为不同行业的不同客户描绘了各自的客户特征，这类客户信息可以通过购买获取。

（8）与其他相关行业的企业交换。可以与其他相关行业有大量客户数据的公司进行合作或以交换的方式获取客户信息。这类行业包括通信公司、航空公司、金融机构、保险公司、旅行社、宾馆、医院等。

（9）通过杂志和报纸获取。一些全国性或区域性的杂志和报纸媒体也有大量的客户订阅信息和调查信息。

（10）通过政府机构获取。在国内，政府部门往往拥有最完整、最有效的大量数据。在以前，这些信息并没有很好地应用于商业用途。政府部门已经在大力加强基础信息数据库的建设工作。在数据基础越来越好，数据的管理和应用越来越规范的市场趋势下，政府部门也在有意识地开放这些信息用于商业用途。如人口普查信息、政府资助的调查资料和消费者研究信息，都有助于丰富企业的客户数据列表。

政府的行政机关和研究机构往往也有大量的客户信息，如公安户政部门的户政数据、税务机关的纳税信息、社保部门的社会保险信息等。

3.4.2 客户画像

客户画像包括：了解 B 端（企业端）及 C 端（消费者端）的客户行为属性区别；通过客户的购买行为、购买地域、购买金额、购买次数等对客户进行特征分析；熟悉地域、性别、年龄等客户基础属性，并进行相关归类分析；借助 Excel、CRM 等工具对客户特征进行挖掘分析及梳理。

1. 客户画像的含义

客户画像又称用户画像，是根据用户社会属性、生活习惯和消费行为等信息抽象出的一个标签化的用户模型。构建用户画像的核心工作即给用户贴"标签"，而标签是通过对用户信息分析得来的高度精炼的特征标识。标签中一部分是根据用户的行为数据直接得到的，另一部分是通过一系列算法或规则挖掘得到的。除去"标签化"，客户画像还具有的特点是低交叉率，当两组画像除权重较小的标签外其余标签几乎一致时，就可以将二者合并，弱化权重标签的差异。

2. 客户画像的作用

（1）精准营销。精准营销是用户画像或者标签最直接、最有价值的应用。这也是企业广告部门最注重的工作内容之一。当企业给各个用户打上各种"标签"之后，广告主（店铺、商家）就可以通过标签圈定想触达的用户，进行精准的广告投放。无论是阿里巴巴还是腾讯，很大一部分广告都是通过这种方式来触达用户的，但百度搜索的广告投放方式有所不同。

（2）助力产品。一个产品想得到广泛的应用，受众分析必不可少。产品经理需要懂用户，除需要知道用户与产品交互时的点击率、跳失率、停留时间外，还要透过用户行为表象看到用户深层的动机与心理。利用用户画像能够帮助产品经理顺利完成这项工作。

（3）行业报告与用户研究。通过对用户画像的分析可以了解行业动态，比如"90后"人群的消费偏好趋势分析、高端用户青睐品牌分析、不同地域品类消费差异分析，等等。对这些行业的洞察可以指导平台更好地运营、把握大方向，也能给相关公司（中小企业、店铺、媒体等）提供细分领域的深入洞察。

3. 客户画像的方法

进行客户画像往往基于以下情景：确定目标用户，将用户根据不同特征划分为不同类型，确定目标用户的比例和特征；统计用户数据，获得用户的操作行为、情感偏好，以及人口学等信息；根据目标用户确定产品发展的相关优先级，在设计和运营中聚焦于目标用户的使用动机与行为操作；方便设计与运营，根据用户画像提供的具体的人物形象进行产品设计和运营活动，比模糊的、虚构的或是有个人偏好的用户形象更为可靠和方便；根据不同类型用户构建智能推荐系统，比如个性化推荐、精准运营等。

从客户画像的使用情景还可以看出，客户画像适用于各个产品周期，从潜在用户挖掘到新用户引流，再到老用户的培养与流失用户的回流，客户画像都有其用武之地。

采用定性研究的方法（如深度访谈、焦点小组）或定量研究的方法（如定量问卷、行为日志数据）都能够完成客户画像，不同的方法各有其优缺点：

（1）定性用户画像：省时省力、简单，需要专业人员少；但缺少数据支持和验证。

（2）定量用户画像：有充分的佐证，更加科学，需要大量的专业人员；但工作量大，成本高。

3.4.3 客户购买行为分析

客户购买行为分析是指对客户的评价行为、购买趋势、购买喜好、营销喜好、产品喜好等行为进行分析；根据客户行为数据分析制定不同渠道的内容模式，挖掘客户接受度较高的营销方式。

1. 客户购买行为的含义

客户购买行为是指人们为满足需要和欲望而寻找、选择、购买、使用、评价及处置产品、服务时介入的过程活动，包括消费者的主观心理活动和客观物质活动两个方面。客户购买行为的分析包括：对网购客户来源渠道的分析、对网购客户访问终端类型的分析、网店客户访问时间分布情况的分析、网店客户购买时间分布情况的分析，等等。

2. 客户购买行为分析的基本框架

市场营销学中把消费者的购买动机和购买行为概括为"5W""1H""6O"，从而形成消费者购买行为研究的基本框架。

市场需要什么（What）——有关产品（Objects）是什么。通过分析消费者希望购买什么，为什么需要这种商品而不是需要那种商品，研究企业应如何提供适销对路的产品满足消费者的需求。

为什么购买（Why）——购买目的（Objectives）是什么。通过分析购买动机的形成（生理的、自然的、经济的、社会的、心理因素的共同作用），了解消费者的购买目的，采取相应的市场策略。

购买者是谁（Who）——购买组织（Organizations）是什么。分析购买者是个人、家庭还是公司，购买的产品供谁使用，谁是购买的决策者、执行者、影响者。根据分析，组合相应的产品、渠道、定价和促销方式。

何时购买（When）——购买时机（Occasions）是什么。分析购买者对特定产品购买时间的要求，把握时机，适时推出产品，如分析自然季节和传统节假日对市场购买的影响程度等。

何处购买（Where）——购买场合（Outlets）是什么。分析购买者对不同产品购买地点的要求，如消费品种的方便品，顾客一般要求就近购买，而选购品则要求在商业区（地区中心或商业中心）购买，以便挑选对比，特殊品往往会要求直接到企业或专业商店购买等。

如何购买（How）——购买组织的作业行为（Operations）是什么。分析购买者对购买方式的不同要求，有针对性地提供不同的营销服务。在消费者市场，不同类型的消费者有不同的特点，如经济型购买者追求性能和廉价，冲动型购买者偏好情趣和外观，手头拮据的购买者常常要求分期付款，工作繁忙的购买者重视购买方便和送货上门等。

3. 客户购买行为分析

（1）购买行为过程描绘。通过座谈会、深访、观察等形式了解系统的、感性的消费者购买行为过程。由于不同类型的产品和服务有所差异，购买行为过程并不完全一样。因此，前期的定性研究是建立模型的基础。

（2）确定各环节的关键影响因素。通过定性和定量的研究，掌握影响消费者在不同环节中行为的因素，分析其中哪些是促成购买行为各环节演变的关键因素。

（3）确定各环节的营销活动。针对各行为环节的关键因素，对比当前市场中成功与失败品牌的行动表现，确定哪些营销活动能够解决关键因素而形成推动行为。

（4）明确目标品牌的客户表现。得到完整的消费者分布结构，即处于不同阶段的消费者的比例，从而明确品牌表现的原因。

（5）确定营销活动的实施策略。针对品牌表现，按照重要性和优先性原则做出行动规划，并实施评估。

3.4.4 客户价值分析

客户价值分析包括：了解 B 端（企业端）及 C 端（消费者端）的不同，分析客户价值行为；熟悉客户画像、回购率、客单价、地域等用户行为分析的概念和行为价值；了解各业务部门对于客户数据的需求，基于需求挖掘客户价值，并进行相关价值评估；有一定的业务分析能力及文案撰写能力，对客户行为特征进行价值的二次挖掘。

1. 客户价值分析的意义

从客户价值方面来看，不同的客户能够为企业提供的价值是不同的。企业要知道哪些是企业最有价值的客户，哪些是企业的忠诚客户，哪些是企业的潜在客户，哪些客户的成长性最好，哪些客户最容易流失，就必须对自己的客户进行细分。

从企业的资源和能力的角度来看，如何对不同的客户进行有限资源的优化应用是每个企业都必须考虑的，所以在对客户进行管理时非常有必要对客户进行统计、分析和细分。只有这样，企业才能根据客户的不同特点进行有针对性的营销，赢得、扩大和保持高价值的客户群，吸引和培养潜力较大的客户群。客户细分能使企业所拥有的高价值的客户资源显性化，并能够就相应的客户关系对企业未来盈利的影响进行量化分析，为企业决策提供依据。

2. 客户价值分析的方法

客户价值分析最常用的方法是 RFM 分析模型，该模型通过一个客户的最近一次消费（Recency）、消费频率（Frequency）、消费金额（Monetary）三项指标，描述该客户的价值状况。

（1）最近一次消费。最近一次消费（R）指的是上一次的消费时间和计算当天的间隔。最近一次消费的计算方式是以计算当日减去顾客上一次在店铺的消费日期。R 越小，说明顾客下单间隔越小。如果 R 为 0，则说明该顾客天天在本店铺下单；如果 R 很大，则可认为该顾客已经遗忘了本店。

（2）消费频率。消费频率（F）是客户在固定时间内的购买次数。消费频率的高低是客户品牌忠诚度和店铺忠诚度的体现。然而，决定消费频率高低的另一个重要因素是品类宽度。例如，对于手机、计算机等 3C（通信、计算机和消费电子产品）类别商品，平均购买周期可能在 1 年左右；而对于纸巾、零食等百货类商品，平均购买周期可能只有 1 周甚至更短。因此，跨品类进行 F 的比较是没有意义的。对于大平台而言，其涉及的售卖品类会比较丰富；而对于小平台而言，一般只会涉足某一细分品类。平台毕竟有限，故对于一般网店而言，会用顾客的"累计购买次数"替换 F。

（3）消费金额。消费金额（M）统计的是某一顾客在一段时间内的平均消费额。消费金额越大，代表顾客对店铺的价值贡献越大，消费能力越高。

在获取所有客户三个指标的数据后，需要计算每个指标数据的均值，通过将每位客户的三个指标与均值进行比较，可将客户按价值细分为八种类型：重要价值客户、重要发展客户、重要保持客户、重要挽留客户、一般价值客户、一般发展客户、一般保持客户、一般挽留客户。

RFM 分析模型非常适用于生产多种商品的企业，而且这些商品单价相对不高，如消费品、化妆品、小家电等；它也适合在一个企业内只有少数但包含耗材的耐久商品，如复印机、打印机等；RFM 对于加油站、旅行保险公司、运输公司、快递公司、快餐店、KTV、移动电话、信用卡、证券公司等也很适合。

课后练习

1. 单项选择题

（1）进行市场需求调研时可采用的方法有（　　）。

  A. 观察法　　　　　　　　　　B. 访问法

  C. 问卷法　　　　　　　　　　D. 以上都是

（2）进行细分市场分析时，以下可以作为确定市场细分变量的因素是（　　）。
　　A．人口特征变量　　　　　　　　　　B．消费心理特征
　　C．消费行为特征　　　　　　　　　　D．以上都是
（3）以下关于市场生命周期四阶段描述错误的是（　　）。
　　A．投入期，解决用户认知的问题，重点在于个性化服务
　　B．成长期，解决用户转化的问题，重点在于运营
　　C．成熟期，解决用户留存的问题，重点在于品牌建设
　　D．衰退期，解决产品转型和创新的问题
（4）人口统计学信息属于客户数据中的（　　）。
　　A．描述性数据　　　　　　　　　　　B．行为性数据
　　C．关联性数据　　　　　　　　　　　D．预测性数据
（5）进行客户数据采集时，可以通过（　　）等渠道。
　　A．向数据公司租用或购买　　　　　　B．向目录营销与直复营销组织购买
　　C．从工具软件中获得　　　　　　　　D．以上都是
（6）客户画像具有（　　）等作用。
　　A．精准营销　　　　　　　　　　　　B．助力产品
　　C．行业报告与用户调研　　　　　　　D．以上都是
（7）以下属于推广数据的有（　　）。
　　A．直通车转化率　　　　　　　　　　B．展现量
　　C．点击率　　　　　　　　　　　　　D．以上都是

2．名词解释

（1）市场生命周期。
（2）客户画像。
（3）RFM分析模型。

3．简答题

（1）简述市场分析的主要内容。
（2）简述客户分析的主要内容。
（3）简述产品分析的主要内容。
（4）简述运营分析的主要内容。

第 4 章
数据处理

4.1 数据清洗

4.1.1 数据一致性处理

通过统计调查收集上来的数据，经常会出现同一字段的数据格式不一致的问题，如图4-1所示。这会对后续的数据分析造成影响，所以必须对数据格式进行处理。

A	B	C	D	E	F	G	H	I	J	K	L
姓名	性别	身高（cm）	体重（kg）	年龄	是否独生子女	月生活费	家庭成员数	家庭年收入（万）	家庭住房面积（平方米）	每周课外学习时间	各科平均成绩
李玉宝	男	169	60	18	否	1000	5	7万	120	6	82
李煜东	男	172	68		是	1500	4	3万	150	6	87
廖焕红	男	175cm	60kg	19	否	1000元	4	4万	100	25h	80
廖云涛	男	170	55	18	否	1000	4	8万	300	8	75
林立强	男	171	55	18	否	1000	4	5万	80	6	84
刘晗	男	178	61	19	是	1000	3	80000	150	5	85
刘苏	女	160	48	20	否	700	5	60000	150	4.5	80
罗文杰	男	162	58	16	否	1000	4	100000	100	4	77
罗泽坤	男	170	60	18	否	600	4	60000	88	5	73
马柯	男	178cm	72kg	19	是	1500元	3	5万	100	20h	80
梅闻鼎	男	180	108	19	是	1000	5	128000	120	4	68
穆威	男	178	70	19	否	1200	4	120000	185	5	80
宁春顺	男	180cm	60kg	18	否	1000元	5	7万	120	6h	80
欧阳坤旺	男	173cm	65kg	20	否	1000元	4	3万	120	8h	75
潘国梁	男	174cm	65kg	20	否	1000元	4	5万	100	19h	80
饶斌	男	175	61	18	否	1000	4	6万	110	17	82
孙晨浩	男	175	62	19	是	1000	3	5万	100	4	80
孙锐	男	175	109	17	否	600	6	75000	100	4	72
童俊涛	男	170cm	78kg	19	否	1000元	3	3万	80	8h	84
汪明政	男	174	65	20	是	1000	4	5万	150	9	80
汪志诚	男	175	65	19	是	1500	4	4万	120	10	85
王希瑞	男	178cm	73kg	18	是	1000元	5	6万	120	7h	85
王雄军	男	176cm	55kg	20	否	1000元	4	8万	300	16h	75
温永荣	男	176	65	20	否	800	4	5万	120	15	75
吴天虎	男	175	62	18	否	1000	4	70000	96	3.5	72
吴伟	男	170cm	80kg	19	是	1000元	3	6万	120	5h	80
吴昱欣	男	175	60	19	否	1000	4	100	15	80	
徐天赐	男	175cm	65kg	19	否	1500元	3	4万	120	10h	85
杨翀	男	176cm	65kg	20	否	800元	4	5万	120	15h	75
杨久祥	男	173	56	19	否	1200	7	90000	300	5	73

图4-1 源数据

下面就以图4-1为例，将"身高"字段中的数据去掉字符"cm"。

(1) 选中C列，如图4-2所示。
(2) 选择"查找和选择"→"替换"命令，如图4-3所示。

	A	B	C	D	E	F	G
	姓名	性别	身高（cm）	体重（kg）	年龄	是否独生子女	月生活费
	李玉宝	男	169	60	18	否	1000
	李煜东	男	172	68		是	1500
	廖焕红	男	175cm	60kg	19	否	1000元
	廖云涛	男	170	55	18	否	1000
	林立强	男	171	55	18	否	1000
	刘晗	男	178	61	19	是	1000
	刘苏	女	160	48	20	否	700
	罗文杰	男	162	58	16	否	1000
	罗泽坤	男	170	60	18	否	600
	马柯	男	178cm	72kg	19	是	1500元
	梅闻鼎	男	180	108	19	是	1000

图4-2 选中C列

图4-3 选择"替换"命令

（3）在"查找和替换"对话框中选择"替换"选项卡，在"查找内容"文本框中输入"cm"，设置"替换为"为空。单击"全部替换"按钮完成替换，如图4-4所示。替换后的结果如图4-5所示。

图4-4 输入查找内容　　　　　　　　　图4-5 替换后的结果

4.1.2 缺失数据的处理

样本清单中，如果单元格为空，则认为存在缺失数据。缺失数据通常用以下两种方法替换：

（1）用样本均值或众数代替缺失值。

（2）将缺失值数据删除。

首先要发现缺失值。一般用定位条件来查找缺失数据的单元格。下面演示将"年龄"字段中的空值替换为"20"。

1）选中年龄所在的E列，选择"查找和选择"→"定位条件"命令，如图4-6所示。

2）在"定位条件"对话框中，选中"空值"单选按钮，如图4-7所示。

3）单击"确定"按钮，E列所有的空白单元格呈选中状态，如图4-8所示。

图4-6 选择"定位条件"命令

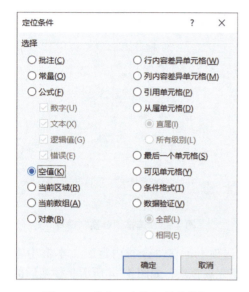

图4-7 选中"空值"单选按钮　　　　图4-8 选中所有空值

4）输入替代值"20"，按<Ctrl + Enter>组合键确认，结果如图4-9所示。

图4-9 结果呈现

4.1.3 删除重复记录

在遇到Excel表格里有很多重复项的时候，如何删除相同内容，只保留一个呢？

删除重复项的操作极其简单，只需单击数据表的任意位置，再单击"数据"选项卡中的"删除重复值"按钮即可，如图4-10所示。

图4-10 删除重复值

4.2 数据加工

4.2.1 数据转换

在 Excel 应用过程中,有时需要把行数据转置成列数据,或者把列数据转置成行数据,因为一条一条粘贴过于烦琐,这里就需要用到 Excel 中的数据转置功能。

操作方法是:先复制好横行数据,然后单击"开始"选项卡→"剪贴板"组中的"粘贴"下拉按钮,在下拉列表中单击"转置"按钮即可,如图4-11所示。

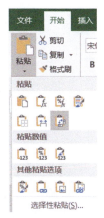

图 4-11 数据转换

4.2.2 字段分列

字段分列就是将一个字段分为多个字段。操作如下:

(1) 将 A 列中的日期分成年、月、日。首先将这组日期选中,如图 4-12 所示。

(2) 选择"数据"选项卡,单击"分列"按钮,如图4-13所示。

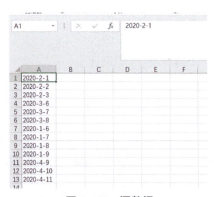

图 4-12 源数据

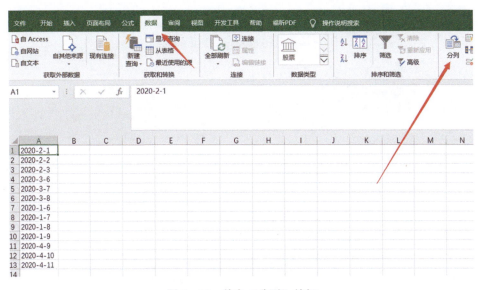

图 4-13 单击"分列"按钮

(3) 在文本分列向导界面,选择"分隔符号"单选按钮,单击"下一步"按钮,如图4-14所示。

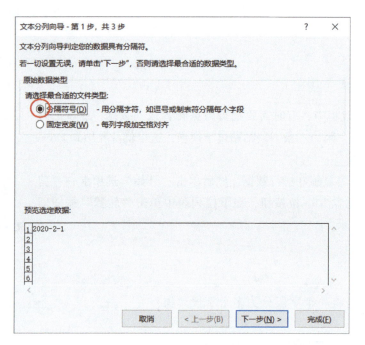

图4-14 文本分列向导步骤1

（4）在"分隔符号"区中勾选"其他"复选框，在其右侧框内输入日期之间的小横杠"-"，单击"下一步"按钮，如图4-15所示。

图4-15 文本分列向导步骤2

（5）进入图4-16所示界面，选择分列的格式，这里默认即可，单击"完成"按钮，如图4-16所示。

(6) 分列的结果如图 4-17 所示。我们看到分成了三列，分别是年、月、日。

图 4-16　文本分列向导步骤 3　　　　　图 4-17　结果呈现

4.2.3　字段匹配

字段匹配就是运用 VLOOKUP 函数将原数据清单中没有但其他数据清单中有的字段匹配过来。

(1) 以图 4-18 中的数据为例，我们需要在 A、B 列中找到与 C 列对应的 B 列的数据；打开 Excel 后，单击 D1 单元格，如图 4-18 所示。

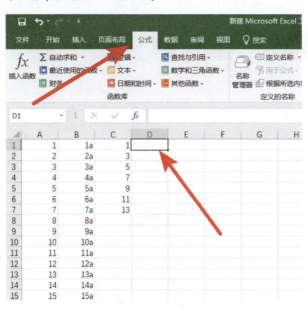

图 4-18　源数据

（2）单击"公式"选项卡→"函数库"组→"插入函数"按钮，弹出"插入函数"对话框，在"搜索函数"框中输入 vlookup，如图 4-19 所示。

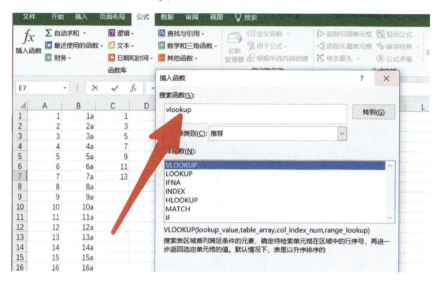

图 4-19 "插入函数"对话框

（3）搜索到 VLOOKUP 函数之后会出来四个文本框需要我们填列。下面一一介绍这四个文本框中数据分别代表的含义：第一个文本框中数据表示的是我们在什么数据范围内取的我们需要的数据，此表格中需要在 A：B 两列中取得 C 列所对应的 B 列的数据，所以范围就是 A：B 列。第二个文本框中数据表示的是需要取在什么条件下的数据，在此表格中我们需要找出 C 列的所对应的 B 列数据，所以选中 C 列。第三个文本框中数据表示的是我们需要取的是数据范围的第几列数，因为我们需要的数据是 A：B 两列中的 B 列数据，也就是第二列数据，所以填 2；依此类推，如果是数据范围内的第三列数，则填 3。第四个文本框中数据表示的是如果是错误的结果则显示为 0，如图 4-20 所示。

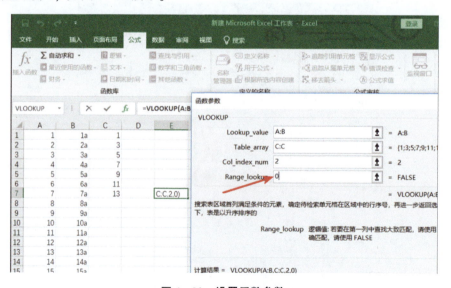

图 4-20 设置函数参数

(4) 将这四个文本框都填完之后,按<Enter>键就会显示出 C 列在 A:B 列中所对应的 B 列的数据,如图 4-21 所示。需要注意的是 C 列的格式要与 A 列格式一样,否则,数据取不出来。

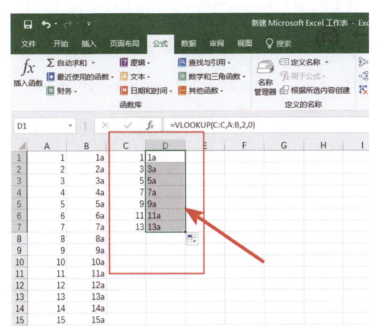

图 4-21 结果呈现

4.2.4 数据抽取

数据抽取是指利用原数据清单中某些字段的部分信息得到一个新字段。

常用的数据抽取函数有:LEFT( )、RIGHT( )、YEAR( )、MONTH( )、WEEKDAY( )、DAY( ) 等。WEEKDAY( ) 抽取函数的语法格式为 WEEKDAY(date,type),其中,date 为日期;type 表示返值是从 1 到 7 还是从 0 到 6,以及从星期几开始计数,如省略则返值为 1 到 7,且从星期日起计。WEEKDAY( ) 抽取函数的应用如图 4-22 所示。

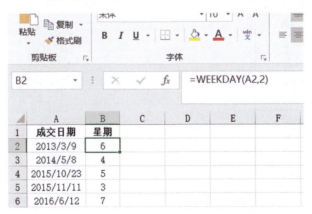

图 4-22 WEEKDAY( )抽取函数应用

4.2.5 数据计算

有时候,我们需要的数据并不存在于数据表中,而是通过对其他字段进行数学计算或函数计算来获取。

(1)好评率可以通过公式"好评率=(好评单数/成交单数)×100%"来计算,如图4-23所示。

(2)销售天数可以通过公式"销售天数=下架日期-上架日期"来计算,如图4-24所示。

图4-23 好评率计算　　　　图4-24 销售天数计算

4.3 数据修整

4.3.1 三项移动平均法

案例:计算如图4-25所示的表格中商品销售额的三项移动平均数。

分析:在本书配套教学素材中打开文件"商品销售额.xlsx",选择单元格区域A1:B13,单击"插入"选项卡→在"图表"组中单击"散点图"下拉按钮绘制散点图,如图4-26所示。

月 份	商品销售额
1	4205
2	4632
3	4000
4	4800
5	5220
6	6500
7	5671
8	5490
9	5832
10	6503
11	6680
12	7270

图4-25 商品销售额　　　　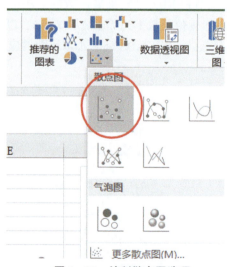

图4-26 绘制散点图选项

结果得到如图 4-27 所示的散点图,从图 4-27 中可以直观地看出,第三个点对应的数据明显偏小,而第六个点对应的数据明显偏大,这可能是由不确定因素造成的。在这种情况下,可以通过移动平均法对数据进行修整,尽量排除不确定因素对数据造成的影响。

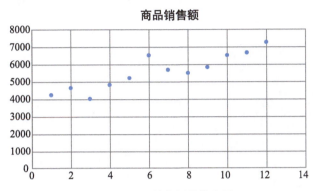

图 4-27 原始数据的散点图

三项移动平均法的计算思路如下:
第一个三项移动平均数 = (4205 + 4632 + 4000)/3 = 4279 作为 2 月的数据;
第二个三项移动平均数 = (4632 + 4000 + 4800)/3 = 4477.33 作为 3 月的数据;
依此类推。
下面用函数 AVERAGE 计算三项移动平均数。
(1) 选中 C3 单元格,单击"公式"选项卡,选择"自动求和"→"平均值"命令,如图 4-28 所示。

图 4-28 选择"平均值"命令

(2) 更改公式为" = AVERAGE(B2:B4)",如图 4-29 所示。

图 4-29 更改计算公式

(3) 确认 C3 单元格的计算后,拖动 C3 单元格的填充柄至 C12 单元格,如图 4-30 所示。

(4) 修整后的散点图如图 4-31 所示。

月份	商品销售额	三项移动平均数
1	4205	
2	4632	4279
3	4000	4477.333333
4	4800	4673.333333
5	5220	5506.666667
6	6500	5797
7	5671	5887
8	5490	5664.333333
9	5832	5941.666667
10	6503	6338.333333
11	6680	6817.666667
12	7270	

图 4-30 填充单元格

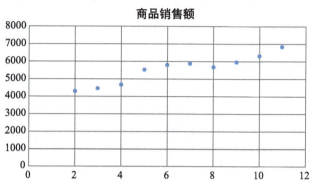

图 4-31 结果呈现

4.3.2 四项移动平均法

4.3.1 介绍了三项移动平均法后,相信大家对移动平均法有了一定的认识。本小节介绍四项移动平均法。四项移动平均因无法居中对齐中间项,因此需要进行一次正位。

案例:计算如图 4-32 所示的表格中商品销售额的四项移动平均数。

(1) 单击 C3 单元格,写入公式 "=AVERAGE(B2:B5)",计算第一个四项移动平均数,如图4-33所示。

(2) 确认 C3 单元格的计算后,拖动 C3 单元格的填充柄至 C11 单元格。

(3) 在 D4 单元格中使用公式 "=AVERAGE(C3:C4)",如图 4-34 所示。

	A	B	C	D
1	月份	商品销售额	四项移动平均数	四项移动平均正位
2	1月	4205		
3	2月	4632		
4	3月	4000		
5	4月	4800		
6	5月	5220		
7	6月	6500		
8	7月	5671		
9	8月	5490		
10	9月	5832		
11	10月	6503		
12	11月	6680		
13	12月	7270		
14				

图 4-32 源数据

C3   fx =AVERAGE(B2:B5)

	A	B	C	D
1	月份	商品销售额	四项移动平均数	四项移动平均正位
2	1月	4205		
3	2月	4632	4409.25	
4	3月	4000		
5	4月	4800		
6	5月	5220		
7	6月	6500		
8	7月	5671		
9	8月	5490		
10	9月	5832		
11	10月	6503		
12	11月	6680		
13	12月	7270		
14				

图 4-33 写入计算公式

D4   fx =AVERAGE(C3:C4)

	A	B	C	D
1	月份	商品销售额	四项移动平均数	四项移动平均正位
2	1月	4205		
3	2月	4632	4409.25	
4	3月	4000	4663	4536.125
5	4月	4800	5130	
6	5月	5220	5547.75	
7	6月	6500	5720.25	
8	7月	5671	5873.25	
9	8月	5490	5874	
10	9月	5832	6126.25	
11	10月	6503	6571.25	
12	11月	6680		
13	12月	7270		
14				

图 4-34 使用公式

(4) 确认 D4 单元格的计算后,拖动 D4 单元格的填充柄至 D11 单元格。
(5) 修整后的散点图如图 4-35 所示。

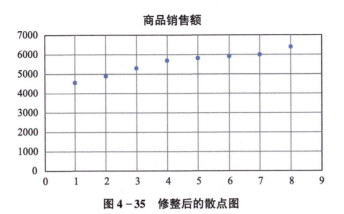

图 4-35 修整后的散点图

4.3.3 分析工具库的加载

分析工具库的加载方法如下:
(1) 选择"文件"→"选项"命令,如图 4-36 所示。
(2) 打开"Excel 选项"对话框,选择"加载项",在"管理"下拉列表中选择"Excel 加载项",然后单击"转到"按钮,如图 4-37 所示。

图 4-36 选择"选项"命令

图 4-37 选择"加载项"

(3) 打开"加载宏"对话框,勾选"分析工具库"复选框后,单击"确定"按钮,如图 4-38 所示。

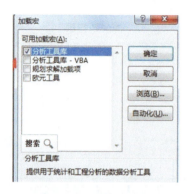

图 4-38 分析工具库

(4) "数据"选项卡中出现"数据分析"工具,如图 4-39 所示。

图 4-39 结果呈现

课后练习

(1) 在本书配套教学素材中打开文件"数据清洗.xlsx",将"数据清洗"工作表中其他不一致的字段作数据一致性处理。

(2) 打开文件"全校名单.xlsx",将"全校名单"工作表中"高考分数"匹配到"四级名单"工作表中。

(3) 打开文件"影片上映.xlsx",提取"影片上映"工作表中各影片的上映月份(见图 4-40)。

图 4-40 提取上映月份

(4) 打开文件"上市公司.xlsx",计算"上市公司"工作表中各企业上市的天数和上市的年数。如图 4-41 所示。

图 4-41 计算上市天数和年数

第 5 章
数据分析

5.1 数据分析基本方法

5.1.1 分组分析法

分组分析法是将总体数据按照某一特征划分成若干个部分再加以分析的一种方法。

分组分析法是根据目标数据的性质、特征，按照一定指标，将数据总体划分成几个部分，分析其内部结构和相互关系，从而了解事物的发展规律。

根据指标的性质，分组分析法分为属性指标分组分析法和数量指标分组分析法，如图 5-1 所示。

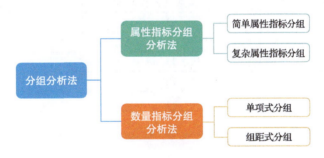

图 5-1 分组分析法

属性指标所代表的数据不能进行运算，只是说明事物的性质、特征，如人的姓名、部门、性别、文化程度等指标。

数量指标所代表的数据能够进行加减乘除运算，说明事物的数量特征，如人的年龄、工资水平、企业的资产等指标。

1. 属性指标分组分析法

属性指标分组法就是按照属性进行分组。按属性指标分组一般较简单，分组指标一旦确定，组数、组名、组与组之间的界限也就确定了。例如，人口按性别分为男、女两组，具体到每一个人应该分在哪一组是一目了然的。

对一些复杂问题的分组，称为统计分类。统计分类是相对复杂的属性指标分组方法，需要根据数据分析的目的，统一规定分类标准和分类目录。例如，反映国民经济结构的国家工业部门分类，它是先把工业分为采掘业和制造业两大部分，然后分为大类、中类、小类三个层次。

2. 数量指标分组分析法

数量指标分组分析法是指选择数量指标作为分组依据，将数据总体划分为若干个性质不同的部分，分析数据的分布特征和内部联系。它分为单项式分组和组距式分组。

单项式分组一般适用于离散型数据，且数据值不多、变动范围较小的情况。单项式分组中，每个指标值就是一个组，有多少个指标值就分成多少个组。如按产品产量、技术级别、员工工龄等指标分组。

例如：某企业成立三年，现有员工 300 人，以员工工龄指标作为分组依据，可以分成三组，工龄为一年的员工 75 人，工龄为两年的员工 135 人，工龄为三年的员工 90 人。

组距式分组是指在数据的变化幅度较大的条件下，将数据总体划分为若干个区间，每个区间作为一组，组内数据性质相同，组与组之间的性质相异。

组距式分组需要确定几个关键的分组要素：组数、组距、组限、组中值。

例如：某企业有员工 300 人，通过年龄指标进行分组，统计员工年龄分布情况，分析员工年龄结构是否合理，结果如表 5-1 所示。

表 5-1　员工年龄分布情况

员工年龄分布	人数（人）	人数占比（%）
20～29 岁	93	31
30～39 岁	162	54
40～49 岁	35	11.7
50～60 岁	10	3.3
合计	300	100

5.1.2　对比分析法

由对比分析可看出在相同数据标准下，由其他影响因素导致的数据差异。对比分析的目的在于找出差异后进一步挖掘差异背后的原因，从而找到优化的方法。图 5-2 是一个常见的柱状图，而柱状图的作用在于直观对比各项数据之间的差异。

图 5-2 是针对 9 月份各渠道获客统计的一个对比分析图，针对各渠道的下载量、访问量、注册量进行对比。

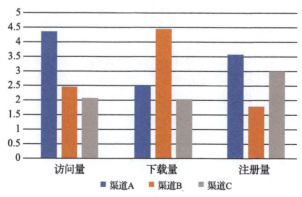

图 5-2　各渠道 9 月份获客分析

对比要点一：对比建立在同一标准维度上。

图 5-2 中，首先要关注到的对比要点是各项数据的对比要基于同一维度。图 5-2 是针对 9 月份渠道推广效果的对比统计，9 月份就是第一个对比标准，也就是时间维度。在时间维度下，后续对比的结果都是基于这个标准产生的，也就是在 9 月份这个时间范围内的数据对比，并不能用 10 月份的数据与 9 月份的数据进行对比。当然，除了时间维度，也可以使用空间维度，如渠道 A 在 1~12 月每月的数据对比。无论用什么维度，对比要建立在一个大的标准下。

对比要点二：拆分相关影响因素。

在时间这个维度下，我们对各渠道的获客效果进行了拆分，也就是将获客效果衡量标准分为访问量、下载量和注册量。这三个维度的数据作为判断渠道获客的标准，从对比中找出各渠道的优劣。我们能够看到，渠道 A 从访问到下载的流失比较严重，渠道 B 从下载到注册的流失比较严重，而渠道 C 在访问量、下载量都低于其他渠道的情况下，其注册量与渠道 A 并没有相差太多。也就是说，我们可以提出一个假设，与渠道 A 和渠道 B 相比，渠道 C 的获客效果更好。为了印证这个假设，我们可以在影响因素中加入渠道投放花费这个维度，如果渠道 A 的高访问是因为高花费，渠道 C 的低访问是因为低花费，那么基本可以印证这个假设。

对比分析法的维度可以分为同比、环比等不同的对比方法。

同比：同比一般被看作基于相同数据维度的时间同期对比，例如，某一个维度 2019 年 9 月的数据与 2020 年 9 月数据的对比。

环比：环比可以是基于时间维度的对比，例如 9 月份数据与 8 月份数据的对比；也可以以周期性维度进行对比，例如第一阶段推广投放了 10 个渠道，第二阶段推广投放了 15 个渠道，那么通过分析第二阶段与第一阶段环比上涨还是下降，进而找出数据变化的原因。

5.1.3 平均分析法

平均分析法利用平均数指标来反映某一特征数据总体的一般水平。

它通过特征数据的平均指标，反映事物目前所处的位置和发展水平。再将不同时期、不同类型单位的平均指标进行对比，说明事物的发展趋势和变化规律。

在运用平均分析法时，对不同的特征数据所采用的平均指标有所不同。

常用的平均指标包括数值平均数和位置平均数，如图 5-3 所示。

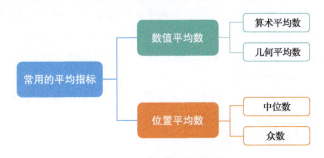

图 5-3 常用的平均指标

1. 数值平均数

在数据集合中，所有数据都参与计算得到的平均数称为数值平均数，它包括算术平均数、几何平均数等。

(1) 算术平均数。算术平均数利用平均数指标反映特征数据的一般水平，它分为简单算术平均数和加权算术平均数。

1) 简单算术平均数。将数据集合中所有数据之和除以数据个数即简单算术平均数。假设有一组包含 n 个数据的数据集合：

$$x_1, x_2, x_3, \cdots, x_n$$

该数据集合的简单算术平均数公式为

$$\bar{x} = \frac{x_1 + x_2 + x_3 + \cdots + x_n}{n}$$

例如：某房产中介前 6 个月的二手房成交数量分别为 28 套、37 套、26 套、37 套、44 套、50 套，那么上半年的月平均成交量为

$$\bar{x} = \frac{28 + 37 + 26 + 37 + 44 + 50}{6} = 37 \text{（套）}$$

2) 加权算术平均数。加权算术平均数是计算具有不同权重的数据的算术平均数。数据的权重是反映一个数据在数据集合中的重要性的指标，一般用权数来表示。

将数据集合中各数据乘以相应的权数，然后加总求和，再除以所有权数之和，即为该数据集合的加权算术平均数。它适用于已分组数据集合。

假设有一组数据集合，包含 k 个数据组，各组的简单算术平均数分别为

$$\bar{x}_1, \bar{x}_2, \bar{x}_3, \cdots, \bar{x}_k$$

每组数据的数据个数分别为

$$f_1, f_2, f_3, \cdots, f_k$$

每组数据的个数就是该组数据的权数，那么加权算术平均数的公式为

$$\bar{x} = \frac{f_1 \bar{x}_1 + f_2 \bar{x}_2 + f_3 \bar{x}_3 + \cdots + f_k \bar{x}_k}{f_1 + f_2 + f_3 + \cdots + f_k}$$

例如：某水果超市购入苹果 200 斤，每斤 3.5 元；香蕉 180 斤，每斤 3.3 元；葡萄 260 斤，每斤 4.2 元，那么所购入的水果平均每斤多少元？通过加权算术平均数公式可得

$$\bar{x} = \frac{200 \times 3.5 + 180 \times 3.3 + 260 \times 4.2}{200 + 180 + 260} = 3.72 \text{（元）}$$

算术平均数能较好地反映一组数据的平均水平，应用最为广泛，但也存在分析缺陷，当数据集合中存在极端值时，分析结果往往不能反映数据的真实特征。假设对一个数据集合 {23、30、32、…、70、3000} 取算术平均数，因为最后一个数据是极大值，其结果会发生偏离，这时可以考虑使用位置平均数进行分析。

(2) 几何平均数。在分析产品合格率、银行利率、平均发展速度等问题时，数据之间的关系不是加减关系，而是乘除关系，应运用几何平均数分析。

假设一个数据集合的数据分别为

$$x_1, x_2, x_3, \cdots, x_n$$

且所有数值都大于 0，那么该数据集合的几何平均数公式为

$$\bar{x} = \sqrt[n]{x_1 x_2 x_3 \cdots x_n}$$

例如：某工厂的一条生产线有三道工序，每道工序的产品合格率分别为 93%、88%、94%，计算这条生产线的平均合格率。

由于只有合格品才能进入下一道生产工序，所以每道工序的合格率之间是乘积关系，利用几何平均数公式分析可得

$$\bar{x} = \sqrt[3]{93\% \times 88\% \times 94\%} = 91.6\%$$

2．位置平均数

在数据集合中，按照数据的大小顺序或出现的频率，选出一个代表值，称为位置平均数，它包括中位数和众数等。

位置平均数是在数据集合中选取的一个能够反映数据特征的代表值，不需要所有数据参与计算。

（1）中位数。将数据集合中所有数据按大小顺序排列，如果数据个数为奇数，最中间位置的数据称为该数据集合的中位数；如果数据个数为偶数，那么中间两个数据的算术平均数称为该数据集合的中位数。

例如：数据集合 $\{2、3、6、8、9、11、13\}$ 的中位数为 8；数据集合 $\{8、9、12、15、16、18、20、22\}$ 的中位数为 $(15+16)/2=15.5$。

当数据集合中存在极大值或极小值时，一般用中位数来代表该数据集合的平均水平。

（2）众数。数据集合中出现次数最多的数据称为该数据集合的众数。如果有多个数值出现次数相同且最多，那么这几个数据都是该数据集合的众数。如果数据集合中所有数据出现的次数相等，那么这个数据集合没有众数。

例如：数据集合 $\{3、5、6、7、8、8\}$ 的众数是 8。数据集合 $\{5、5、6、8、9、10、10\}$ 的众数是 5 和 10。

当一个数据集合中数据分布的范围比较广，且某个数据出现的频率较高时，适合用众数代表数据集合的平均水平。

综上所述，通过对几种平均指标的介绍，了解平均分析法的应用。在数据分析中，平均分析法一般要结合分组和对比等分析方法，对不同时期、不同企业、不同区域等平均指标进行对比、分析，从而说明事物的发展趋势和变化规律。

5.2 描述性统计

5.2.1 总量指标和相对指标

1．总量指标

（1）总量指标的意义。

1）总量指标的概念。总量指标是指统计汇总后得到的具有计算单位的统计指标，反映被研究对象在一定时期或时点的总体规模、总体水平或性质相同的总体规模的数量差异。一般用绝对数表示，又称绝对数指标。

2）总量指标的计量单位。计量单位是指根据约定定义和采用的标量，任何其他同类量可与其比较使两个量之比用一个数表示。计量单位具有根据约定赋予的名称和符号，主要包括实物单位、价值单位、劳动量单位三种。

①实物单位。实物单位是符合产品的基本物理化学性能和外部特征，在一定程度上体现产

品使用价值的计量单位。实物单位主要包括以下几种：
- 自然单位。如鞋以"双"为单位；桌子以"张"为单位；拖拉机以"台"为单位等。
- 度量衡单位。度量衡单位是以已经确定出的标准来计量实物的重量、长度、面积、容积等的单位。如：吨、公里、米等。
- 复合单位。复合单位是两个单位的乘积。如货物周转量用"吨公里"计量；电的度数用"千瓦时"计量等。
- 双重单位。双重单位是用两种或两种以上的单位结合起来进行计量。如起重机的计量单位是"台/吨"；货轮用"艘/瓦特/吨位"计量。
- 标准实物单位。标准实物单位是按照统一的折算标准来计量事物数量的一种实物单位。它主要用于计量存在差异的工业产品和农产品，为了准确地反映其总量，需要把各产品按照一定的标准折合成标准品再相加。如把含氮量不同的化肥都折合成含氮100%的标准化肥；把各种能源都折合成热量值为7000千卡/千克的标准煤等。

以实物单位计量的总量指标，叫作实物指标。

②价值单位。价值单位是指通过货币单位表明现象总体的价值总量，它以货币单位计量。
以价值单位计量的总量指标，叫作价值指标。

③劳动量单位。劳动量单位是指以劳动过程中消耗的劳动时间为计量单位，如工时、工日、人工数等，计算劳动量价值。
以劳动量单位计量的总量指标，叫作劳动量指标。

3）总量指标的作用。

① 从总体上认识社会经济现象的起点。了解一个国家或地区的基本情况，通常从其基本状况和基本实力入手，总量指标是一个不错的切入点。

②计算其他统计指标的基础。统计综合指标中的相对指标、平均指标的计算都是以总量指标为基础计算的。

（2）总量指标的分类方法。

总量指标的分类方法主要有按具体内容划分、按时间状况划分和按计量单位划分三种。

1）按指标反映的具体内容划分。

总量指标按指标反映的具体内容可分为总体单位总量指标和总体标志总量指标。

总体单位总量指标：是用来反映总体中单位数的多少，说明总体本身规模大小的总量指标。例如，对某地区居民粮食消费情况进行研究，该地区的居民人口数便是总体单位总量指标。

总体标志总量指标：是用来反映总体中标志值总和的总量指标。例如，上例中粮食消费总量便是总体标志总量指标。

总体单位总量指标和总体标志总量指标随统计研究的目的而变化。例如，研究该地区粮食消费价格时，粮食消费总量就变为总体单位总量指标。

2）按指标反映的时间状况划分。

总量指标按指标反映的时间状况分为时期指标和时点指标。

时期指标：反映社会经济现象在一定时期内发展变化过程总量的指标，如商品销售额、总产值、基本建设投资额等。

时点指标：反映社会经济现象在一定时点上状况的数量的指标，如人口数、房屋的居住面积、企业数等。

时期指标和时点指标的特点（区别）：

①性质相同的时期指标的数值可以相加，时点指标相加则无意义。

②同类时期指标数值的大小与时期长短有直接关系，时点指标则没有这种关系。

③时期指标数值是经常登记取得的，时点指标则不是。时期指标和时点指标在统计处理与应用上不同，在运用时期和时点指标时，注意同一指标若从不同的角度考虑则总量指标的性质也不同。例如，年末人口数和年初人口数是时点指标；但年末人口数－年初人口数＝人口净增数，则为时期指标。

3）按指标采用的计量单位可划分为价值指标、实物指标和劳动量指标。

2. 相对指标

（1）相对指标的意义。

统计中，数字的作用在于比较和分析。"比较为统计之母"是有道理的，孤立的数字，不进行任何比较分析，不能说明任何问题。对事物进行判断、鉴别和比较，就要借助于相对指标。

1）相对指标的概念。相对指标是两个有联系的指标数值之比，反映现象之间所固有的数量对比关系，表现形式一般为倍数或系数（以1作为对比基础）、成数（以10作为对比基础）、百分数（以100作为对比基础）、千分数（以1000作为对比基础）、复名数等。

相对指标的特点如下：

①将对比的基础抽象化，是一种抽象化的数值。

②抽象化掩盖了绝对数的规模。

这里还要对经济分析中经常用到的"百分点"的概念做一点说明。一个百分点是指1%，百分点常用于两个百分数相减的场合。例如，在股票交易市场上，确定某一时间的股票价格为基数，将两个不同时间的股票价格与之相比，分别为150%和120%，也就是后一时间上的股票价格比前一时间下降了30个百分点（120%—150%）。

2）相对指标的作用。

①反映现象间数量的对比关系。

②反映现象发展变化的程度、速度、强度、质量、效益等。

③弥补总量指标的不足，便于比较。

（2）相对指标的种类及其计算方法。

1）结构相对指标。结构相对指标是将两个有从属关系的总量指标对比而得到的，说明总体内部组成情况，一般用"%"表示。

$$结构相对指标 = （总体内某一部分指标数值）/总体总量 \times 100\%$$

例如：反映工农业增加值的内部结构，农业内部各业构成，种植业内粮食作物、经济作物及其他作物的比例结构，消费结构中食品支出占全部生活费支出的比重，恩格尔系数，国内生产总值中第一、二、三产业间的构成等都是结构相对指标。

结构相对指标的特点如下：

①各部分计算结果小于1。

②各部分比重之和等于1。

③分子、分母不能互换。

2）比例相对指标。比例相对指标是同一总体内不同组成部分的指标数值对比的结果，它可以表明总体内部的比例关系。

$$比例相对指标 = 总体中某部分指标数值/总体中另一部分指标数值$$

比例相对指标可以用百分数表示，也可以用一比几或几比几的形式表示。例如，某地社会劳动者人数为59432万人，其中第一产业为34769万人，第二产业为12921万人，第三产业为11742万人，三个产业劳动者人数比例为100:37:34。

利用比例相对指标可以分析国民经济中各种比例关系，调整不合理的比例，即可促使社会主义市场经济稳步协调发展。

比例相对指标的特点如下：
①分子、分母可互换。
②在同一总体内。
③各部分之间比例之和不等于100%。

3）比较相对指标。比较相对指标是同一时间不同国家、不同地区、不同单位的某项指标对比的结果。

$$比较相对指标 = 某一空间的某项指标数值/另一空间的同项指标数值$$

比较相对指标一般用倍数表示，有时也可用系数表示。

例如：甲、乙两公司2020年商品销售额分别为5.4亿元和3.6亿元，即甲公司商品销售额为乙公司的1.5倍（=5.4/3.6）。计算比较相对指标可以用总量指标、相对指标或平均指标。

运用比较相对指标对不同国家、不同地区、不同单位的同类指标对比，有助于揭露矛盾、找出差距、挖掘潜力，促进事物的进一步发展。

比较相对指标的特点如下：
①对比的分子、分母必须是同质现象。
②分子、分母可互换。

4）强度相对指标。强度相对指标是两个性质不同而有联系的总量指标对比的结果。

$$强度相对指标 = 某一总量指标数值/另一性质不同而有联系的总量指标数值$$

由于强度相对指标的分子和分母可以互换，因此有正指标和逆指标两种计算方法。

例如：反映卫生事业对居民服务保证程序的指标：每千人口的医院床位数=医院床位数（张）/人口数（千人），这是正指标。每千人口的医院床位数=人口数（千人）/医院床位数（张），这是逆指标。

强度相对指标应用十分广泛，它可以反映国民经济和社会发展的基本情况，也可以反映生产条件及公共设施的配备情况，还可以反映经济效益的情况。

强度相对指标的特点如下：
①不同总体对比。
②具有平均含义。
③分子、分母可互换。

5）动态相对指标。动态相对指标又称"动态相对数"或"时间相对指标"，就是将同一现象在不同时期的两个数值进行动态对比而得出的相对数，借以表明现象在时间上发展变动的程度。通常以百分数（%）或倍数表示，也称为发展速度。

发展速度减1或100%为增长速度指标，计算结果大于100%为增长多少百分数或百分点，小于100%为下降多少百分数或百分点。

$$动态相对指标 = 报告期指标数值/基期指标数值$$

动态相对指标对于分析研究社会经济现象的发展变化过程具有重要意义。

该指标在实际工作中的运用通常分为以下两种情况：

①与上年或上年同期相比（即环比）。反映某一报告期农业总产值比上年或上年同期的发展方向和发展程度。

例：某地2019年农业总产值14.48亿元，2020年达到16.47亿元，其发展速度和增长速度分别为：

发展速度 = (16.47 ÷ 14.48) × 100% = 113.7%

增长速度 = 发展速度 − 1（或100%）= 113.7% − 100% = 13.7%

②与历史上某一时期相比（即定基比）。反映某一报告期农业总产值在某一较长时期的发展趋势和发展程度。

例：某地2013年农业总产值为7.26亿元，2019年为16.47亿元，其发展速度和增长速度分别为：

发展速度 = (16.47 ÷ 7.26) × 100% = 226.9%（或2.269倍）

增长速度 = 226.9% − 100% = 126.9%（或1.269倍）

通常在进行长期比较时，还要计算平均发展速度和平均增长速度，以反映农业总产值在某一较长时期内逐年平均发展的程度和平均增长程度。

6）计划完成程度相对指标。

计划完成程度相对指标是某一时期实际完成的指标数值与计划指标数值对比的结果。一般用百分数表示。

$$计划完成程度相对指标 = 实际完成的指标数值/计划指标数值 × 100\%$$

①计划完成程度相对指标的一般应用。

【例如】某企业计划产值达10万元，实际产值达11.5万元，则计划完成程度相对指标 = 实际完成的指标数值/计划指标数值 × 100% = 11.5/10 × 100% = 115%

【例如】某企业劳动生产率计划完成103%，实际却提高了5%，则计划完成程度相对指标 = 实际完成的指标数值/计划指标数值 × 100% = (1 + 5%)/103% = 101.94%

②进度分析。计划完成程度相对指标还可计算计划时期某一段累计完成数占全计划的百分比，即进行进度分析。

$$计划完成程度相对指标 = 累计至报告期止完成数/全部计划数 × 100\%$$

【例如】某企业生产情况如表5-2所示。

表5-2 某企业生产情况

产值及产品名称	单位	年计划	实际完成数				第三季度完成年计划的百分比（%）	累计完成年计划的百分比（%）
			一季度	二季度	三季度	1~3季度累计		
总产值	万元	960	240	288	307	835	31.98	86.98
甲	千克	700	140	150	130	420	18.57	60.00

(续)

产值及产品名称	单位	年计划	实际完成数				第三季度完成年计划的百分比（%）	累计完成年计划的百分比（%）
			一季度	二季度	三季度	1~3季度累计		
乙	千克	300	75	85	140	300	46.67	100.00
丙	千克	230	60	70	80	210	34.78	91.30
丁	千克	180	45	50	57	152	31.67	84.44

通过对第三季度及累计三季度止计划完成情况进行分析，得出结论：乙、丙、丁任务完成得好，甲完成得不好。

③长期计划检查。长期计划任务规定的要求和方法不同，检查长期计划的完成情况有两种方法：

a. 累计法：累计法又称"方程式法""代数平均法"，是指用一个方程式，来表达从最初水平发展，按平均发展速度计算的各期水平的累计总和与相应的各期实际水平的总和一致。

b. 水平法：指将反映企业报告期财务状况的信息（也就是会计报表信息资料）与反映企业前期或历史某一时期财务状况的信息进行对比，研究企业各项经营业绩或财务状况的发展变动情况的一种财务分析方法。

计划完成程度相对指标的特点如下：

①对比数为同一总体。
②分子、分母不能互换。
③计算结果视指标性质而定。

a. 有的指标越高越好，如产值（量）、劳动生产率，其值不小于1；
b. 有的指标越低越好，如费用、消耗、成本，其值不大于1；
c. 有些指标的值为1时，结果最好，如基建投资额、工资等，当其值为1时，结果最好。

5.2.2 中位数和众数

1. 中位数

把一组数据按从小到大的顺序排列，在中间的一个数字（或两个数字的平均值）叫作这组数据的中位数。

如果总数个数是奇数的话，按从小到大的顺序，取中间的那个数。
如果总数个数是偶数的话，按从小到大的顺序，取中间那两个数的平均数。

2. 众数

一般来说，一组数据中，出现次数最多的数就叫这组数据的众数。

如果有两个或两个以上的数出现的次数都是最多的，那么这几个数都是这组数据的众数。例如：1、2、2、3、3、4这组数据的众数是2和3。

如果所有数据出现的次数都一样，那么这组数据没有众数。例如：1、2、3、4、5这组数据没有众数。

平均数、中位数和众数都是描述数据集中趋势的统计量；都可用来反映数据的一般水平；都可用作一组数据的代表。

平均数的大小与一组数据里的每个数据均有关系，其中任何数据的变动都会引起平均数的变动；众数着眼于对各数据出现的次数的考察，其大小只与这组数据中的部分数据有关，当一组数据中有不少数据多次重复出现时，其众数往往是我们关心的一种统计量；中位数仅与数据排列位置有关，可避免极端数据的影响，代表着数据总体的中等情况。因此某些数据的变动对它的中位数影响不大。

5.2.3 极差、方差和标准差

1. 极差

极差又称范围误差或全距（Range），以 R 表示，是指一组数据内的最大值和最小值之间的差异，用来表示统计资料中的变异量数。

2. 方差

在概率论和统计学中，方差用来衡量随机变量或一组数据的离散程度。概率论中方差用来度量随机变量和其数学期望（均值）之间的偏离程度。统计中的方差（样本方差）是每个样本值与全体样本值的平均数之差的平方和的平均数。

3. 标准差

标准差是离均差平方的算术平均数的平方根，用 σ 表示。标准差是方差的算术平方根。

如果直接从数学角度用数学公式来计算极差、方差和标准差是比较烦琐的。在 Excel 中，用函数计算要方便很多，如图 5-4～图 5-6 所示。

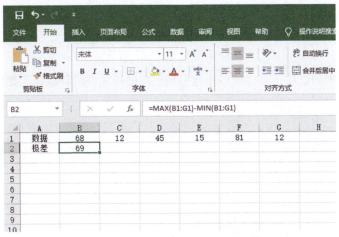

图 5-4 用函数 MAX 和 MIN 的差计算极差

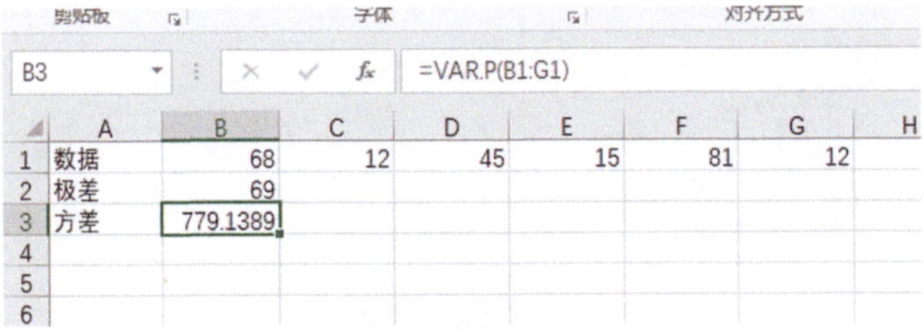

图 5-5 用函数 VAR.P 计算方差

B4 =STDEV.P(B1:G1)

	A	B	C	D	E	F	G
1	数据	68	12	45	15	81	12
2	极差	69					
3	方差	779.1389					
4	标准差	27.91306					
5							

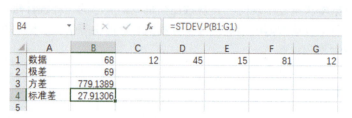

图 5-6　用函数 STDEV. P 计算标准差

5.2.4　利用“数据分析”中的“描述统计”功能计算描述性指标

除了用函数计算描述性指标，还可以用 Excel 中“数据分析”的“描述统计”功能快速完成各项描述性指标的计算，如图 5-7 所示。

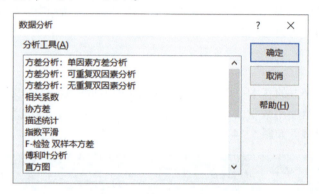

图 5-7　“数据分析”对话框

运用该对话框中的选项，可以很轻松地得到对应的描述性统计结果，如图 5-8 所示。

	A	B	C	D	E	F	G
1	数据	68	12	45	15	81	12
2	极差	69					
3	方差	779.1389					
4	标准差	27.91306					
5							
6							
7	行1						
8							
9	平均	38.83333					
10	标准误差	12.4831					
11	中位数	30					
12	众数	12					
13	标准差	30.57722					
14	方差	934.9667					
15	峰度	-2.04914					
16	偏度	0.502021					
17	区域	69					
18	最小值	12					
19	最大值	81					
20	求和	233					
21	观测数	6					
22							

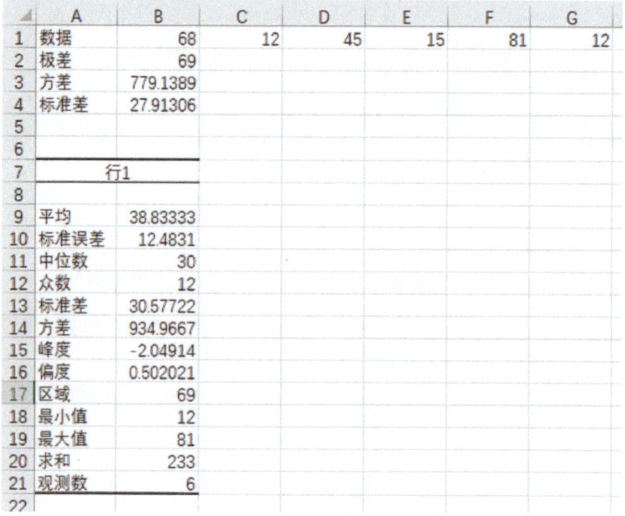

图 5-8　描述性统计结果

5.3 动态数列分析

5.3.1 动态数列概述

1. 动态数列

动态数列又称时间数列,它是指某社会经济现象在不同时间上的一系列统计指标值按时间先后顺序加以排列后形成的数列。

如:某企业 2016~2019 年各年生产总值如表 5-3 所示。

表 5-3 某企业 2016~2019 年各年生产总值

年 份	2016 年	2017 年	2018 年	2019 年
生产总值(万元)	100	160	330	500

(1) 动态数列的构成。动态数列由两部分构成:一部分是反映时间顺序变化的时间数列,另一部分是反映各个指标值变化的指标数值数列。

1) 时间数列(t 或 i)。

2) 指标数值数列(y 或 a)。

(2) 动态数列的作用。

1) 描述现象的历史状况。

2) 揭示现象的发展变化规律。

3) 外推预测。

(3) 动态数列的表示方法。动态数列可表示为

$$a_0, a_1, a_2, a_3, \cdots, a_n$$

式中 a——统计指标;

0,1,2,3,$\cdots$,n——时间。

2. 动态数列的种类

(1) 按观察数据性质与形态划分。动态数列按观察数据与形态分为随机性数列和非随机性数列。非随机性数列又可分为平稳型、趋势型和季节型。

(2) 按指标形式划分。动态数列按指标形式分为绝对数数列、相对数数列和平均数数列。绝对数数列又可分为时点数列和时期数列。

1) 时点数列:指由时点指标构成的数列,即数列中的每一指标值反映的是现象在某一时刻上的总量。

时点数列具有以下特点:

①数列指标不具有连续统计的特点。

②数列中各个指标值不具有可加性。

③数列中每个指标值的大小与其时间间隔长短没有直接联系。

2) 时期数列:指由时期指标构成的数列,即数列中的每一指标值都是反映某现象在一段时间内发展过程的总量。

时期数列具有以下特点：
①数列具有连续统计的特点。
②数列中各个指标值可以相加。
③数列中各个指标值大小与所包括的时期长短有直接关系。

3. 动态数列的编制原则

（1）经济内容一致。
（2）总体范围一致。
（3）计算方法、计量单位、价格等一致。
（4）时间长短一致。

5.3.2 动态数列分析指标

1. 现象发展的水平指标

（1）发展水平。

发展水平的含义：动态数列中的每一项具体指标数值。

根据各发展水平在动态数列中所处的地位和作用不同，其数值可以表现为绝对数、相对数或平均数。

例如：某商业企业1月份销售额为500万元，完成销售计划的120%。

发展水平依据不同的标准有不同的分类，具体如下：
1）按计算方法分类。发展水平按计算方法分为报告期水平和基期水平。
2）按位置分类。发展水平按位置分为最初水平、中间水平与最末水平。

（2）平均发展水平。

平均发展水平的含义：现象在时间上的平均数，反映现象在一段时期的一般水平。

例如：根据表5-4中的数据求我国2015~2019年的平均GDP。

表5-4 我国2015~2019年GDP

年 份	2015年	2016年	2017年	2018年	2019年
GDP（亿元）	685992.9	740060.8	820754.3	900309.5	990865

平均 GDP = (685992.9 + 740060.8 + 820754.3 + 900309.5 + 990865)/(1 + 1 + 1 + 1 + 1) = 827596.5（亿元）

2. 现象发展的速度指标

现象发展变化的速度指标反映了现象在不同时间上发展变化的程度。它主要包括以下指标：发展速度、增长量、增长速度、平均发展速度和平均增长速度。

（1）发展速度。发展速度是两个不同时间上的发展水平之比，反映现象报告期比基期发展变化的相对程度。

基本公式为
$$发展速度 = \frac{报告期水平}{基期水平}$$

(2) 增长量。增长量是以绝对数形式表示的速度分析指标。基本公式为
$$增长量 = 报告期水平 - 基期水平$$
根据采用基期的不同,增长量可分为逐期增长量、累计增长量。

逐期增长量 = 报告期水平 - 报告期前一期水平

符号表示为
$$a_1 - a_0, a_2 - a_1, a_3 - a_4, \cdots, a_n - a_{n-1}$$

累计增长量 = 报告期水平 - 固定基期水平

符号表示为
$$a_1 - a_0, a_2 - a_0, a_3 - a_0, \cdots, a_n - a_0$$

(3) 增长速度。增长速度是反映现象数量增长方向和程度的动态相对指标。计算方法有两种:

第一种方法:
$$增长速度 = \frac{增长量}{基期水平}$$

第二种方法:
$$增长速度 = 发展速度 - 1$$

当计算结果为正值时,表示现象报告期比基期的增长程度。

当计算结果为负值时,表示现象报告期比基期的降低程度。

速度与水平指标的结合运用:

现象发展的水平分析是现象发展速度分析的基础,速度分析是水平分析的深入和继续,把它们结合起来运用,就能够对现象发展变化的规律进行更加深刻的分析。

1) 要把发展速度和增长速度同隐藏其后的发展水平结合起来进行分析。这种分析可采用增长1%的绝对值指标。它是以绝对增长量除以相应的百分数表现的增长速度,即前期水平的1%。

2) 要把平均速度指标与动态数列发展水平指标结合运用。平均速度指标是环比速度的代表值,如果动态数列中各期水平差异大,平均速度就掩盖了它们的差别,这时就需要把各期水平和环比速度结合起来应用。

(4) 平均发展速度和平均增长速度。平均发展速度和平均增长速度统称为平均速度。平均速度是各期环比速度的平均数,说明现象在较长时期内速度变化的平均程度。

几何平均法(水平法)是计算平均发展速度的基本方法,因为平均发展速度是对各期的环比发展速度求平均数。公式为
$$\bar{x} = \sqrt[n]{x_1 x_2 x_3 \cdots x_n}$$

式中,x_1,x_2,x_3,$\cdots$,x_n 表示各期环比发展速度。

平均增长速度以倍数或百分数表示,它等于平均发展速度减1(或100%)。用公式表示为
$$平均增长速度(\%) = 平均发展速度 - 1(或100\%)$$

5.3.3 长期趋势的测定

长期趋势测定就是用一定的方法对动态数列进行修匀,从而排除季节变动、循环变动和无规则变动等因素的影响,显示出现象变动的基本趋势,此趋势可作为预测的依据。

测定长期趋势的方法有移动平均法。

移动平均法是根据时间序列,逐项推移,依次计算包含一定项数的序时平均数,以此进行预测的方法。

具体方法:从动态数列第一项数值开始,按一定项数(如两项、三项或更多项)求其序时平均数,并逐项移动,得到一个由移动平均数构成的新的动态数列。

奇数项移动平均,所得数值对准移动项数的中间位置。

偶数项移动平均,所得数值对准移动项数中间两项的中间位置,并需要移正平均一次。

移动平均法的效用:消除 S、C、I,从而修匀时间序列,获得长期趋势 T。

修匀的效果:

移动平均的项数越多,修匀效果越好;

移动平均的项数越多,时间滞后越严重;

移动平均的项数越多,数据损失越多。

5.4 相关分析与回归分析

5.4.1 相关分析

相关分析是研究两个或两个以上变量之间相关程度的一种统计方法,其目的是揭示现象之间是否存在相关关系,并确定相关关系的性质、方向和密切程度。

1. 相关图

相关图是研究相关关系的直观工具。一般在进行详细的定量分析之前,可利用相关图对现象之间存在的相关关系的方向、形式和密切程度进行大致的判断。相关图又称散点图或散布图。它是以直角坐标系的横轴代表变量 x,纵轴代表变量 y,将两个变量间相对应的变量值用坐标点的形式描绘出来,从而反映两变量之间相关关系的图形。图 5-9 所示的散点图也称为相关图。

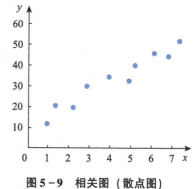

图 5-9 相关图(散点图)

相关图的形式多种多样,可归纳为以下几种:

(1)正相关(x 增大,y 增大),如图 5-10 所示。

(2)负相关(x 增大,y 减小),如图 5-11 所示。

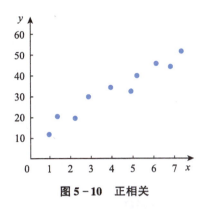
图 5-10 正相关

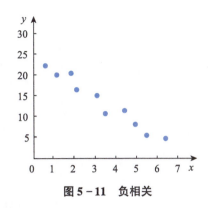
图 5-11 负相关

（3）曲线相关（不呈直线关系），如图 5-12 所示。
（4）无相关（y 不随 x 增减，呈线性关系），如图 5-13 所示。

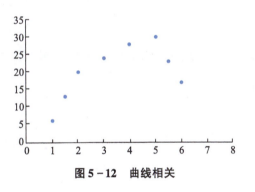
图 5-12 曲线相关

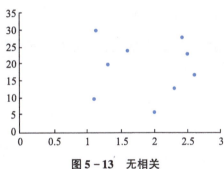
图 5-13 无相关

2. 线性相关与相关系数

当两个变量线性相关时，可用线性相关系数来衡量它们之间的相关性。相关系数又称皮尔逊相关系数，通常用 r 表示，取值范围是 $[-1, 1]$。

在实际应用中，利用相关系数来判断直线相关程度的一般标准如下：
（1）当 $|r| < 0.3$ 时，认为两个变量之间存在低度线性相关。
（2）当 $0.3 \leq |r| < 0.5$ 时，则认为两个变量之间存在中低度线性相关。
（3）当 $0.5 \leq |r| < 0.8$ 时，则认为两个变量之间存在中度线性相关。
（4）当 $0.8 < |r| \leq 1$ 时，则认为两个变量之间存在高度线性相关。

3. 相关系数的计算

在 Excel 中，计算相关系数的常用方法有两种，即 CORREL 函数和"数据分析"的"相关系数"功能。

（1）CORREL 函数。在 Excel 中，可以用 CORREL 函数来计算相关系数，如我们对 B 列和 C 列进行分析，可以得到它的相关系数是 0.8907，说明两个变量之间存在高度线性相关，如图 5-14 所示。

图 5-14 用 CORREL 函数计算相关系数

（2）"数据分析"的"相关系数"功能。

1）选择"数据"选项卡→"分析"组→"数据分析"命令，在"数据分析"对话框中选择"相关系数"，如图 5-15 所示。

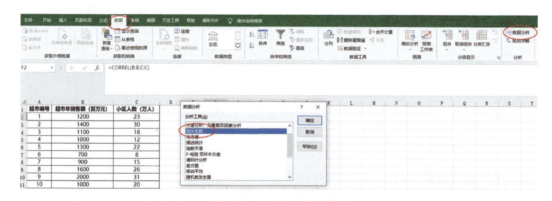

图 5-15 选择"相关系数"

2）在"相关系数"对话框中设置输入区域和输出区域。要注意的是，输入区域不能有非数值型数据，就是不要包含表头，如图 5-16 所示。

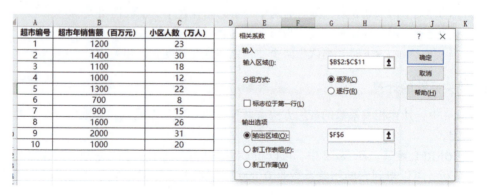

图 5-16 设置输入区域和输出区域

3）单击"确定"按钮可以得到分析后的结果，列 1、列 2 分别对应 B、C 列，B、C 两列的相关系数是 0.8907，和我们用 CORREL 函数计算出来的是一样的，如图 5-17 所示。

	列 1	列 2
列 1	1	
列 2	0.8907	1

图 5-17 结果呈现

5.4.2 回归分析

1. 回归分析概述

（1）回归分析的概念及分类。

1）回归分析的概念。由一个或一组非随机变量来估计或预测某一个随机变量的观测值时，所建立的数学模型及所进行的统计分析，称为回归分析。

2）回归分析的分类。①按变量个数的多少，回归分析有一元回归分析与多元回归分析之分，多元回归分析的原理与一元回归分析的原理类似。②按变量之间关系的形式，回归分析可以分为线性回归分析和非线性回归分析。

（2）回归分析的主要内容。回归分析的内容包括：如何确定因变量与自变量之间的回归模型；如何根据样本观测数据，估计并检验回归模型及未知参数；在众多的自变量中，判断哪些变量对因变量的影响是显著的，哪些变量的影响是不显著的；根据自变量的已知值或给定值来估计和预测因变量的值。

（3）利用图表进行分析。

案例：某种合成纤维的强度与其拉伸倍数之间存在一定关系，表 5-5（"线性回归分析"工作表）是实测 12 个纤维样品的强度 y 与相应的拉伸倍数 x 的数据记录。试求出它们之间的关系。

1）打开"线性回归分析"工作表（见表 5-5）。

表 5-5 "线性回归分析"工作表

A	B	C
编号	拉伸倍数（x）	强度（y）
1	1.9	1.4
2	2	1.3
3	2.1	1.8
4	2.5	2.5
5	2.7	2.8
6	2.7	2.5
7	3.5	3
8	3.5	2.7
9	4	4

(续)

A	B	C
编号	拉伸倍数（x）	强度（y）
10	4	3.5
11	4.5	4.2
12	4.6	3.5

2）绘制"XY散点图"。选中"拉伸倍数"列与"强度"列，单击"插入"选项卡→"图表"组→"散点图"。

3）右击散点图中数据点，在弹出的菜单中选择"添加趋势线"；再右击趋势线，在弹出的菜单中选择"设置趋势线格式"。在"设置趋势线格式"对话框中单击左侧列表中的"趋势线选项"→选中右侧"趋势线选项"区域的"线性"，并勾选"显示公式"和"显示R平方值"。如图5-18所示。

图5-18 添加线性趋势线

4）趋势回归直线方程如图5-19所示。

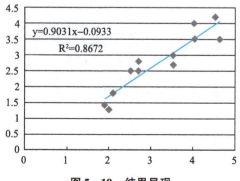

图5-19 结果呈现

2. Excel 中的回归分析工作表函数

(1) 截距函数。语法：INTERCEPT (known_ y's, known_ x's)

其中：known_ y's 为因变量的观察值或数据集合，known_ x's 为自变量的观察值或数据集合。

(2) 斜率函数。语法：SLOPE (known_ y's, known_ x's)

其中：known_ y's 为数字型因变量数据点数组或单元格区域；known_ x's 为自变量数据点集合。

(3) 测定系数函数。语法：RSQ (known_ y's, known_ x's)

其中：known_ y's 为数组或数据点区域；known_ x's 为数组或数据点区域。

(4) 估计标准误差函数。语法：STEYX (known_ y's, known_ x's)

其中：known_ y's 为因变量数据点数组或区域；known_ x's 为自变量数据点数组或区域。

案例：在某大学一年级新生体检表中随机抽取 10 张，得到 10 名大学生的身高 (x) 和体重 (y) 的数据，如图 5-20 所示。

用 Excel 提供的工作表函数进行相关计算。

(1) 分别计算截距、斜率、测定系数、估计标准误差，结果如图 5-21 所示。

(2) 根据计算结果可以得出直线方程。

	A	B	C
1		身高x(cm)	体重y(kg)
2		162	51
3		170	54
4		166	52
5		158	47
6		174	63
7		166	59
8		167	55
9		170	60
10		173	57
11		168	54

图 5-20 身高与体重数据

	A	B	C
1		身高x(cm)	体重y(kg)
2		162	51
3		170	54
4		166	52
5		158	47
6		174	63
7		166	59
8		167	55
9		170	60
10		173	57
11		168	54
12	截距	-79.42015	
13	斜率	0.8041825	
14	测定系数	0.6817018	
15	估计标准误差	2.8180738	

图 5-21 计算结果

3. Excel "回归分析" 工具

(1) "回归分析" 工具的主要内容。

"回归分析" 工具是通过对一组观察值使用 "最小平方法" 进行直线拟合，来分析一个或多个自变量对单个因变量的影响方向与影响程度的。它是 Excel 中数据分析工具的一个内容。"回归" 对话框中主要包括以下内容：Y 值输入区域、X 值输入区域、标志、置信度、常数为零、输出区域、新工作表组、新工作簿、残差、标准残差、残差图、线性拟合图、正态概率图。

(2) "回归分析" 工具的应用。

案例：以图 5-20 中的数据为例，利用 "回归分析" 工具进行回归分析。

1）打开"身高体重"工作表。

2）单击"数据"选项卡,在"分析"组单击"数据分析"按钮,弹出"数据分析"对话框,在"分析工具"列表中选择"回归",进行相关设置,输出结果如图 5-22 所示。

	D	E	F	G	H	I	J	K	L
1	SUMMARY OUTPUT								
2									
3	回归统计								
4	Multiple	0.825652							
5	R Square	0.681702							
6	Adjusted	0.641915							
7	标准误差	2.818074							
8	观测值	10							
9									
10	方差分析								
11		df	SS	MS	F	gnificance F			
12	回归分析	1	136.0677	136.0677	17.13366	0.003257			
13	残差	8	63.53232	7.94154					
14	总计	9	199.6						
15									
16		Coefficien	标准误差	t Stat	P-value	Lower 95%	Upper 95%	下限 95.0%	上限 95.0%
17	Intercept	-79.4202	32.53478	-2.44108	0.040496	-154.445	-4.39481	-154.445	-4.39481
18	身高x(cm)	0.804183	0.194281	4.139283	0.003257	0.356171	1.252194	0.356171	1.252194

图 5-22 回归分析工具输出结果

(3)"回归分析"工具的输出解释。

Excel"回归分析"工具的输出结果包括以下三个部分:

1)回归统计表。回归统计表包括以下几部分内容:

①Multiple R(复相关系数 R):是复测定系数的平方根,又称为相关系数,用来衡量变量 x 和 y 之间相关程度的大小。本例中 R 为 0.825652,表示二者之间的关系是高度正相关。

②R Square(复测定系数 R^2):自变量解释了因变量变动的百分比,R^2 越大,解释的比例越大,模型的拟合度就越高。

③Adjusted R Square(调整复测定系数 R^2):仅用于多元回归才有意义,它用于衡量加入独立变量后模型的拟合程度。当有新的独立变量加入后,即使这一变量同因变量之间不相关,未经修正的 R^2 也要增大,修正的 R^2 仅用于比较含有同一个因变量的各种模型。

④标准误差:用来衡量拟合程度的大小,也用于计算与回归相关的其他统计量,此值越小,说明拟合程度越好。

⑤观测值:用于估计回归方程的数据的观测值个数。

2)方差分析表。方差分析表的主要作用是通过 F 检验来判断回归模型的回归效果。表中"回归分析"行计算的是估计值同均值之差(-)的各项指标;"残差"行计算的是每个样本观察值与估计值之差(-)的各项指标;"总计"行用于计算每个值同均值之差(-)的各项指标。第二列 df 是自由度;第三列 SS 是离差的平方和;第四列 MS 是均方差,它等于离差平方和除以自由度;第五列是 F 统计量;第六列 Significance F 是在显著性水平下的 F_α 的临界值。

3)回归参数表。回归参数表主要用于回归方程的描述和回归参数的推断。

图 5-22 所示的表中最下面三行中的第二行和第三行分别是 β_0(截距)和 β_1(斜率)的各项指标。根据 β_0 和 β_1 的值,可以写出回归方程。第五列是各个回归系数的 P 值(双侧),最后是给出(β_0 和 β_1)的 95% 的置信区间的上下限。

5.5 综合评价分析法

5.5.1 综合评价概述

1. 综合评价问题的引入

无论在现实生活中，还是在经济管理和经济决策中，综合评价问题似乎无处不在。以前，人们忽略了这一问题。事实上，无论你做出什么决策，在你的头脑里都有一个综合评价问题。

（1）假如你买一台电脑，你只有将不同品牌电脑的性能、容量、外观、适用程度以及价格做一个综合比较，才能决定购买何种电脑。

（2）假如你要进行一项投资，如果你既可以买股票又可以存银行，既可以买企业债券又可以投资办工厂，你到底会选择哪一种投资方式呢？你一定会先将这些投资方式在安全性、收益性和回收期限等方面进行较为全面的比较，再做出决定。

2. 综合评价的含义和类型

（1）综合评价的含义。所谓综合评价，就是对评价客体的不同侧面的数量特征给出系统的量化描述，并以此为基础，运用一系列数学、统计学和其他定量方法进行适当综合，得出反映各评价客体较为真实的综合数量水平的数量分析方法。其根本目的是要灵敏、全面地区分不同客体之间综合数量的差异，以便做出决策。

（2）综合评价的分类。

1）按照目的划分，可分为三类：分类问题、排序问题和整体水平评价问题。
2）按照反映的时间状况划分，可分为两类：纵向评价问题和横向评价问题。
3）按照方法划分，可分为两类：传统的简易评价方法和现代评价方法。
4）按照定量化程度划分，可为三类：定性评价方法、半定性评价法和定量评价方法。
5）按照赋权方式划分，可分为三类：主观赋权法、客观赋权法和主客结合的赋权法。

3. 综合评价的产生与发展

要说综合评价问题，应该可以追溯到有文字记载的远古时期。"论功行赏"之说足以佐证综合评价的存在。

1888年，英国统计学家艾奇沃斯（Edgeworth）发表了一篇题为《考试中的统计学》的论文，提出了对考试中不同课程如何加权比较的问题。

1913年，斯皮尔曼（Spearman）发表了一篇题为《和与差的相关性》的论文，讨论了不同加权方法的基本作用，实际上已将多元分析的有关内容应用于综合评价问题。

20世纪30年代，瑟斯通（Thurstone）和利克特（Likert）又对定性记分法进行了深入研究。

20世纪60年代开始出现的模糊数学研究对综合评价的发展起到了极大的推动作用。

近年来，随着产生于20世纪30年代的多元统计方法，以及产生于20世纪70~80年代的包络分析综合评价方法等的逐步引入，综合评价方法作为一门新兴的学科已经趋于成熟。

4. 综合评价的要素和基本步骤

（1）综合评价问题的基本要素。一个综合评价问题总是由以下要素构成：
1）目的性。
2）主体。
3）客体。
4）特征集。
5）评价方法。

（2）综合评价的基本步骤。综合评价包括以下五个基本步骤：
1）确定评价的目的。
2）确定评价对象和特征集。
3）对属性集中的指标数据进行搜集和处理。
4）确定权重系数和价值函数。
5）运用价值函数，给出评价结果——排序、水平和分类比较，并给出结果检验。最后给出综合评价的基本结果。

5.5.2 权数的确定方法

许多常用的综合评价方法在进行综合评价时，必须确定各指标在综合模型中的权重。权重的大小实际上反映了某一指标在整个综合评价中的作用。

权重的确定实际上是综合评价中的难点，直到目前为止，并没有一个统一的和让公众普遍接受的方法。但在综合评价的实践中，人们常用的权重确定方法有等权法、德尔菲法、离差权法、最优赋权法、熵值赋权法和 AHP 等。在此选择两种方法加以介绍。

（1）等权法。这种赋权方法十分简单，在某种程度上讲，实际上就是不赋权（或无权）法。其本质就是在对指标进行综合时，对每一指标赋予相等的权重。

（2）离差权法。离差权法的基本思想是，若某一指标在每一个样品中的取值差异不大，则认为该指标提供的信息量较少，因此，在进行属性指标综合时，赋予的权重应该较小。反之，则应该相应赋予较大权重。

5.6 四象限分析法

四象限分析法也称为波士顿矩阵，又称市场增长率-相对市场份额矩阵、波士顿咨询集团法、产品系列结构管理法等，由美国著名的管理学家、波士顿咨询公司创始人布鲁斯·亨德森于 1970 年首创。该方法根据产品的市场增长率和相对市场占有率，将产品划分到四个不同的象限，如图 5-23 所示。

各个象限的含义如下：
（1）明星产品。它是指处于高增长率、高市场占有率象限内的产品群，这类产品可能成为企业的

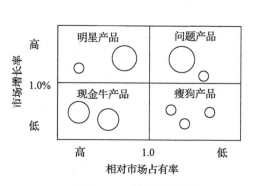

图 5-23 四象限分析图

现金牛产品，需要加大投资以支持其迅速发展。采用的发展战略是：积极扩大经济规模和寻找市场机会，以长远利益为目标，提高市场占有率，加强竞争地位。发展战略以及明星产品的管理与组织最好采用事业部形式，由对生产技术和销售两方面都很内行的经营者负责。

（2）现金牛产品，又称厚利产品。它是指处于低增长率、高市场占有率象限内的产品群，已进入成熟期。其财务特点是销售量大、产品利润率高、负债比率低，可以为企业提供资金，而且由于增长率低，也无须增大投资。因而成为企业回收资金，支持其他产品，尤其明星产品的后盾。对于这一象限内的销售增长率仍有所增长的产品，应进一步进行市场细分，维持现存市场增长率或延缓其下降速度。对于现金牛产品，适合于用事业部制进行管理，其经营者最好是市场营销型人物。

（3）问题产品。它是处于高增长率、低市场占有率象限内的产品群。前者说明市场机会大，前景好，而后者则说明现在市场营销上存在问题。其财务特点是利润率较低，所需资金不足，负债比率高。在产品生命周期中处于投入期，因种种原因未能开拓市场局面的新产品即属此类问题的产品。对问题产品应采取选择性投资战略。因此，对问题产品的改进与扶持方案一般均列入企业长期计划中。对问题产品的管理和组织，最好采取智囊团或项目组织等形式，选拔有规划能力、敢于冒风险、有才干的人负责。

（4）瘦狗产品，也称衰退类产品。它是处在低增长率、低市场占有率象限内的产品群。其财务特点是利润率低，处于保本或亏损状态，负债比率高，无法为企业带来收益。对这类产品应采用撤退战略：首先应减少批量，逐渐撤退，对那些销售增长率和市场占有率均极低的产品应立即淘汰。其次是将剩余资源向其他产品转移。最后是整顿产品系列，最好将瘦狗产品与其他事业部合并，统一管理。

案例：某企业所有商品第一季度和第二季度的销售数据如图 5-24 所示，请用四象限分析法分析各种产品的特点。

1）计算第二季度的市场占比和环比增幅，结果如表 5-6 所示。
市场占比 = 某产品（品牌）销量/市场总销量
环比增幅 = （报告期销量 - 上一期销量）/上一期销量

商品编号	一季度	二季度
T001	211473	302238
T002	129777	161113
T003	2569620	2384447
T004	1345570	1330311
T005	1418381	2462726
T006	3559472	3768162
T007	1455282	1531412
T008	1038642	1480280
T009	177161	201652
T010	2506205	2758483
T011	620740	668954
T012	1993326	2060136
T013	1984624	2665278
T014	478370	708535
T015	467724	455046
T016	1297008	1868962

图 5-24 销售数据

表 5-6 第二季度的市场占比和环比增幅

商品编号	第一季度	第二季度	第二季度市场占比	第二季度环比增幅
T001	211473	322238	1.22%	52.38%
T002	129777	161113	0.65%	24.15%
T003	2569620	2384447	9.61%	-7.21%
T004	1345570	1330311	5.36%	-1.13%
T005	1418381	2462726	9.93%	73.63%
T006	3559472	3768162	15.19%	5.86%
T007	1455282	1531412	6.17%	5.23%
T008	1038642	1480280	5.97%	42.52%
T009	177161	201652	0.81%	13.82%

(续)

商品编号	第一季度	第二季度	第二季度市场占比	第二季度环比增幅
T010	2506205	2758483	11.12%	10.07%
T011	620740	668954	2.70%	7.77%
T012	1993326	2060136	8.30%	3.35%
T013	1984624	2665278	10.74%	34.30%
T014	478370	708535	2.86%	48.11%
T015	467724	455046	1.83%	-2.71%
T016	1297008	1868962	7.53%	44.10%

2）制作二季度环比增幅散点图。打开销售数据表，选择单元格 D1:E17，插入散点图，如图 5-25 所示。

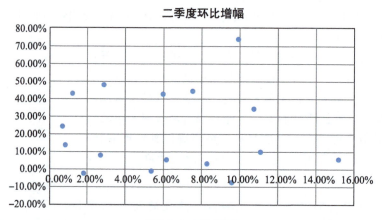

图 5-25 散点图

3）分别右击网格线和图例，选择"删除"命令，将网格线和图例删除。

4）将图表标题修改为"二季度市场分析"。利用"布局"选项卡的相关功能，添加横坐标标题和纵坐标标题，如图 5-26 所示。

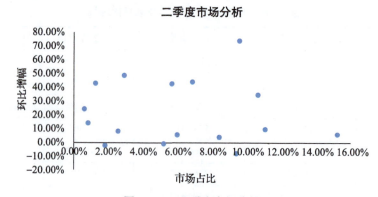

图 5-26 二季度市场分析

5）将绘图区分为四个象限（环比增幅的划分标准为行业平均值30%，市场占比的划分标准为行业平均值7%）。

6) 在点上右击，在弹出的快捷菜单中选择"添加数据标签"命令，结果如图 5-27 所示。

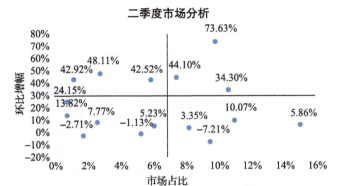

图 5-27　添加数据标签

7) 逐个选中各数据标签，将文本框中的文字改成对应的商品编号，结果如图 5-28 所示。

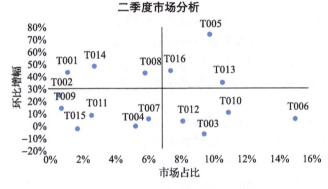

图 5-28　修改数据标签为商品编号

课后练习

1．选择题

(1) 研究动态数列时，发展速度＝报告期水平/基期水平，发展速度是（　　）。
　　A．总量指标　　　　　　　　　　　　B．平均指标
　　C．相对指标　　　　　　　　　　　　D．标志表现

(2) 若企业 2020 年 4 月份的销售额与 3 月份相比增加了 5%，我们就说 4 月份销售额（　　）增加了 5%。
　　A．同比　　　　　　　　　　　　　　B．环比
　　C．正比　　　　　　　　　　　　　　D．反比

(3) 某企业 2020 年 10 月份的销售额比 2019 年 10 月份增加了 5%，我们就说该企业 2020 年 10 月份的销售额（　　）增加了 5%。
　　A．同比　　　　　　　　　　　　　　B．环比
　　C．正比　　　　　　　　　　　　　　D．反比

(4) 某公司2020年10月份的利润率是44%，比上个月的利润率22%提高了（　　）。
　　A. 2倍　　　　　　　　　　　　　　　B. 50%
　　C. 22%　　　　　　　　　　　　　　　D. 22个百分比

(5) 在回归分析中，被预测或被解释的变量被称为（　　）。
　　A. 自变量　　　　　　　　　　　　　B. 因变量
　　C. 随机变量　　　　　　　　　　　　D. 非随机变量

(6) 回归方程 $y = a + bx$ 中，回归系数 b 为负数，说明因变量与自变量（　　）。
　　A. 正相关　　　　　　　　　　　　　B. 负相关
　　C. 微弱相关　　　　　　　　　　　　D. 低度相关

(7) 设商品产量 y（件）与商品价格 x（元）的一元线性回归方程为 $y = 60 + 38x$，这意味着商品价格每提高1元，产量平均（　　）。
　　A. 增加38件　　　　　　　　　　　　B. 减少38件
　　C. 增加60件　　　　　　　　　　　　D. 减少60件

(8) 以下关于方差的论述中，正确的是（　　）。
　　A. 一组数据的方差越大，说明数据的波动幅度越小
　　B. 一组数据的方差越大，说明数据的波动幅度越大
　　C. 一组数据的方差越大，说明平均数越大
　　D. 一组数据的方差越大，说明平均数越具有代表性

(9) 下列现象中，相关程度最高的是（　　）。
　　A. 商品产量与单位成本之间的相关系数为 -0.91
　　B. 商品流通费用与销售利润之间的相关系数为 -0.5
　　C. 商品销售额与广告费之间的相关系数为 0.62
　　D. 商品的销售额与利润之间的相关系数为 0.8

2. 分析操作题

(1) 打开"双肩包"工作表（见本书配套教学素材），分别用函数的方法和"描述统计"的方法计算价格的总量指标、平均指标、中位数、众数、极差、方差和标准差。

(2) 已知某企业2018~2019年各月销售额资料如表5-7所示，请计算2019年各月的环比发展速度、同比发展速度、环比增长速度、同比增长速度。数据文件为"动态数列分析.xlsx"工作表（见本书配套教学素材）。

表5-7　某企业2018~2019年各月销售额资料　　　　　　　（单位：万元）

年＼月	1	2	3	4	5	6	7	8	9	10	11	12
2018年	230	253	176	105	72	52	41	36	71	144	248	266
2019年	240	270	178	105	76	50	38	35	76	151	250	270
环比发展速度（%）												
同比发展速度（%）												
环比增长速度（%）												
同比增长速度（%）												

(3) 某公司统计出 2011~2020 年的年销售额和年广告投入费用资料，如表 5-8 所示，数据文件为"相关与回归分析.xlsx"工作表（见本书配套教学素材），请对该数据做相关分析和回归分析。

表 5-8 公司 2011~2020 年销售额和广告投入费用资料

年份	年销售额（万元）	电视广告投入费用（千元）	报纸、宣传画册广告费用（千元）
2011	254.4	10	2
2012	286.8	10	2
2013	394.8	20	2
2014	409.2	20	2
2015	510	40	2
2016	518.4	40	2
2017	588	50	3
2018	633.6	50	3
2019	712.8	60	3
2020	762	60	3

(4) 企业的规模一般由企业的劳动力人数、企业的年产值、企业的固定资产价值 3 项指标综合决定，经过专家讨论决定，3 项指标的权重分别为 35%、20%、45%。已知某 7 家制衣厂的"劳动力人数""年产值""固定资产价值"数据如表 5-9 所示，请用综合评价分析法对这 7 家企业的规模进行综合评价，并对这 7 家企业的规模进行排序。数据文件为"综合评价分析.xlsx"工作表（见本书配套教学素材）。

表 5-9 各企业的基本数据

企业名称	劳动力人数（人）	年产值（万元）	固定资产价值（万元）
企业 1	400	70	160
企业 2	300	60	120
企业 3	280	50	150
企业 4	350	60	150
企业 5	620	100	200
企业 6	780	80	200
企业 7	500	70	150

(5) 2019 年线上洁面市场十大品牌销售情况如表 5-10 所示，请用四象限分析法分析各种产品的销售情况，并给出销售建议。数据文件为"四象限分析.xlsx"工作表（见本书配套教学素材）。

表 5-10　2019 年线上洁面市场十大品牌销售情况

品　　牌	市场占比（%）	同比增幅（%）
欧莱雅	6.40	100
妮维雅	5.50	45
高夫	3.20	95
丝塔夫	3.60	2
曼秀雷敦	2.20	30
花印	2.20	200
洗颜专科	2	-10
相宜本草	1.08	10
悦诗风吟	1.70	180
芙丽芳丝	1.60	120
平均值	2.95	77

第6章 数据展示

6.1 统计表

统计表是用原始数据制成的一种表格。由于实际需要，常常要把工农业生产、科学技术与日常工作中所得到的相互关联的数据，按照一定的要求进行整理、归类，并且按照一定的顺序把数据排列起来，制成表格，这种表格称为统计表。统计表是表现数字资料整理结果的最常用的一种表格。

6.1.1 统计表的构成

从形式上看，统计表是由纵横交叉的线条所组成的表格。统计表一般由表头（总标题）、行标题、列标题和统计数据四个主要部分组成。表头应放在表的上方，它所说明的是统计表的主要内容，是表的名称。行标题和列标题通常安排在统计表的第一行和第一列，它所表示的主要是所研究问题的类别名称和指标名称，通常也被称为"类"。表内是统计数据。如图6-1所示。

图6-1 统计表的构成

由于使用者的目的以及统计数据的特点不同，统计表的形式和结构会有较大差异，但设计的基本要求是一致的。总体来说，统计表的设计应符合科学、实用、简洁、美观的要求。具体来说，设计统计表时要注意以下几点：

（1）合理安排统计表的结构。比如行标题、列标题、数字资料的位置应安排合理。

（2）表头一般应包括表号、总标题和表中数据的单位等内容。总标题应简明、确切地概括出统计表的内容，一般需要满足 3W 要求。3W 是指标题内容需要表明统计数据的时间（When）、地点（Where），以及何种数据（What）。

（3）如果表中的全部数据的计量单位相同，可将其放在表的右上角；若各指标的计量单位不同，则应放在每个指标后或单列出一列标明。

（4）表中的上下两条线一般用反线，中间的其他线要用正线，这样看起来清楚、醒目。

（5）在使用统计表时，必要时可在表的下方加上注释，特别要注明资料来源，以表示对他人劳动成果的尊重,方便读者查阅使用。

6.1.2 统计表的分类

按分组情况不同,统计表又可以分为简单表、分组表和复合表。

1. 简单表

简单表指总体未经任何分组的统计表,如表6-1所示。

表6-1 简单表

类　　别	2018年销量(万辆)	同　　比
乘用车	2370.98	-4.08%
商用车	437.08	5.05%
总计	2808.06	-2.76%

2. 分组表

分组表指按一个分组标志对总体进行分组的统计表,如表6-2所示。

表6-2 分组表

类　　别	2017年		2018年	
	销量	同比	销量	同比
乘用车	2471.83	1.40%	2370.98	-4.08%
商用车	416.06	13.95%	437.08	5.05%
总计	2887.9	3.00%	2808.06	-2.76%

3. 复合表

复合表指将两个或两个以上标志结合起来对总体进行分组的统计表,如表6-3所示。

表6-3 复合表

类别	车型	2017年		2018年	
		销量	同比	销量	同比
乘用车	轿车	1184.8	-2.48%	1152.78	-2.70%
	MPV	1025.27	13.32%	999.47	-2.52%
	SUV	207.07	-17.05%	173.46	16.22%
	交叉车型	54.7	-19.97%	45.26	-17.26%
商用车	客车	51.19	5.40%	48.52	-7.98%
	货车	360.44	15.99%	388.56	6.94%
总计		2887.9	3.00%	2808.06	-2.76%

在 Excel 中制作的透视表并不是标准的统计表，如果直接将透视表放在数据分析报告中，达不到简单明了的目的。因此，透视表一定要改造后才能放在数据分析报告中。

如果要将透视表改成统计表，可以先复制透视表，再将其粘贴到 Word 或 PowerPoint 中，并按统计表的要求修改标题和边框。

6.2 统计图

统计图是利用几何图形或具体形象表现统计资料的一种形式。它的特点是形象、直观、便于理解，因而绘制统计图也是统计资料整理的重要内容之一。统计图可以使复杂的统计数字简单化、通俗化、形象化，使人一目了然，便于理解和比较。统计图可以表明总体的规模、水平、结构、对比关系、依存关系、发展趋势和分布状况等，更有利于统计分析与研究。因此，统计图在统计资料整理与分析中占有重要地位，并得到广泛应用。Excel 常用的统计图有柱形图、条形图、折线图、饼图、散点图等。

6.2.1 常用统计图

1. 柱形图

柱形图是展现数据关系最常用的图形，用于显示各项数据之间的比较情况或显示一段时间内的数据变化。在柱形图中，通常沿水平轴组织类别，沿垂直轴组织数值。以下几种情况一般采用柱形图展现数据。

（1）分组数据。

1）在本书教学配套素材中找到并打开"柱形图统计表 1"，选择数据区域 A2:B9，单击"插入"选项卡→"柱形图"按钮，单击"二维柱形图"中的第 1 个图形，如图 6-2 所示。结果如图 6-3 所示。

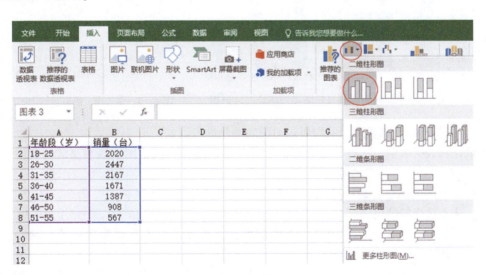

图 6-2 插入柱形图

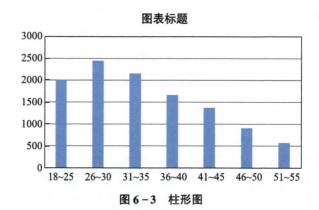

图 6-3　柱形图

2）单击"图表标题"，对图表进行重新命名。

3）为了简洁美观，也可以将网格线删除。单击网格线，按键盘上的 Delete 键即可；或者右击网格线，选择"删除"命令。

4）右击任意一个柱形，选择"添加数据标签"命令，就可以在柱形的上方添加数据标签，如图 6-4 所示。

5）当我们需要在横/纵坐标轴上添加刻度线时，右击横/纵坐标轴，在"设置坐标轴格式"窗格中单击"刻度线"，一般主要类型设置为"外部"，如图 6-5 所示。

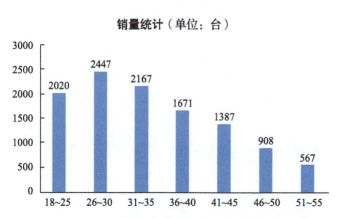

图 6-4　添加了标题和数据标签且删除了网格线的柱形图

图 6-5　添加横、纵轴坐标上的刻度线

6）为了使图表更加美观，我们可以对图表颜色进行设置。

①设计图表区域颜色：选中整个图表，并右击，选择"设置图表区域格式"命令，选择"填充"选项卡，选择适当的颜色。

②设置绘图区颜色：选中绘图区并右击，选择"设置绘图区格式"命令，选择"填充"选项卡，选择适当的颜色。

③设置数据系列格式：选中柱形上面的数据，选择"设置数据系列格式"命令，选择"填充"选项卡，选择适当的颜色。

从图 6-6 中可以看出，此商品用户主要集中在 26~35 岁，因此商品宣传及用户定位应以此年龄段为主。

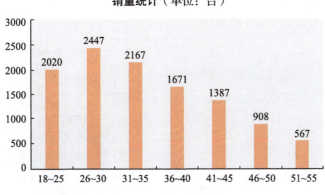

图 6-6 最后的效果

（2）展示动态数列的趋势。在本书配套教学素材中找到并打开"柱形图统计表 2"，绘制柱形图，如图 6-7 所示。

图 6-7 汽车销量统计图

通过图 6-7 可以看出，2013 年到 2016 年销量是明显增长的。为了更明确地展现趋势变化，我们可以在柱形图中添加趋势线。选中其中一个柱形并右击，选择"添加趋势线"命令。通过添加趋势线，我们可以更直观地看到销量走势，如图 6-8 所示。

图 6-8 添加趋势线后的统计图

我们还可以通过调节数据系列的间距，更方便地对比销量的变化。选中其中一个柱形并右击，选择"设置数据系列格式"命令，选择"系列选项"，将分类间距调整为 0，如图 6-9 所示。调整间距后的统计图如图 6-10 所示。

图 6-9　调整数据系列格式

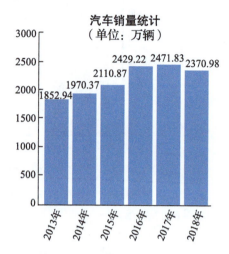

图 6-10　调整间距后的统计图

（3）不同部门、地区、产品的同一指标值的比较。在本书配套教学素材中找到并打开"柱形图统计表 3"，如果直接插入柱形图，将得到如图 6-11 所示的柱形图，展示出每个品类在不同分店的销量表现。

	A	B	C	D	E	F
1		上衣	裤子	裙装	鞋	包
2	分店1	178	132	189	157	98
3	分店2	153	124	165	148	86
4	分店3	189	155	203	164	107
5	分店4	208	175	212	186	123
6	分店5	138	112	149	138	75

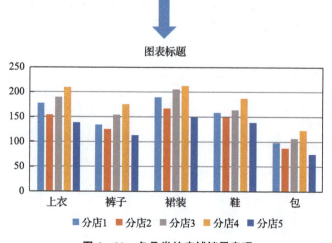

图 6-11　各品类的店铺销量表现

如果需要展示每个分店中不同品类的销量表现，单击"设计"选项卡→"数据"组→"切换行/列"按钮，如图6-12所示。各店铺的品类销量表现如图6-13所示。

同样，我们可以通过"设计"选项卡快速调整图表样式、颜色、布局等。设计后的统计图如图6-14所示。

图 6-12　切换行和列

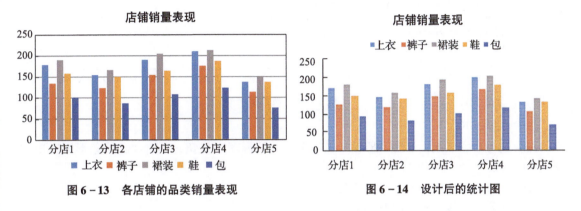

图 6-13　各店铺的品类销量表现　　　　图 6-14　设计后的统计图

2. 条形图

条形图就是将柱形图顺时针旋转90°后所得的效果图，其作用与柱形图一样。一般来说，如果柱形图的水平轴或数据标签过长（如图6-15所示），就会影响数据的可读性，这时建议改用条形图。

在本书配套教学素材中找到并打开"条形图统计表"，分别插入柱形图和条形图（如图6-16所示）。

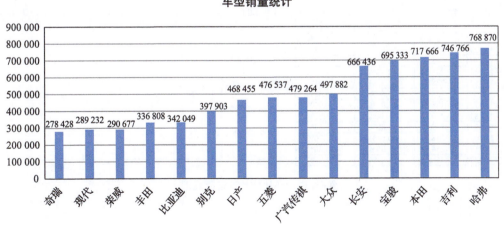

图 6-15　标签过长的柱形图

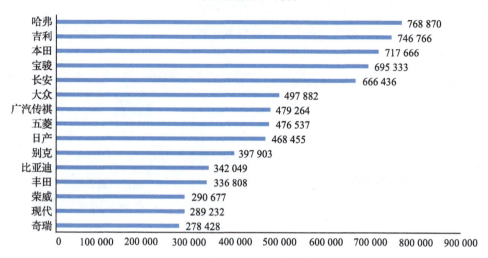

图 6-16 条形图

操作步骤如下：

（1）选择数据区域，单击"插入"选项卡→"柱形图"按钮，单击"二维条形图"中的第一个图形。

（2）修改图表标题的内容及字号大小。

（3）删除网格线，添加数据标签。

（4）调整图表大小及绘图区大小。

（5）添加纵坐标的边框线条，添加横坐标的刻度线类型"外部"。

3. 折线图

如果希望图表体现数据的变化趋势，一般用折线图。动态数列的速度指标一般用折线图展现。

（1）打开"折线图统计表"，选中 C2:C13，插入折线图，如图 6-17 所示。

	A	B	C	D
1	月份	销量	环比增长速度	同比增长速度
2	1月	280.9	-8.21%	11.60%
3	2月	171.76	-38.85%	-11.12%
4	3月	265.63	54.65%	4.67%
5	4月	231.86	-12.71%	11.47%
6	5月	228.77	-1.33%	9.61%
7	6月	227.4	-0.60%	4.80%
8	7月	188.91	-16.93%	4.02%
9	8月	210.34	11.34%	-3.75%
10	9月	239.41	13.82%	-11.55%
11	10月	238.01	-0.58%	-11.70%
12	11月	254.78	7.05%	-13.86%
13	12月	266.15	4.46%	-13.03%

图 6-17 环比增长速度折线图一

（2）删除网格线。

（3）添加数据标签。

（4）添加图表标题。

（5）添加横/纵坐标刻度线。

（6）设置图表及绘图区颜色。得到的最后效果如图 6-18 所示。

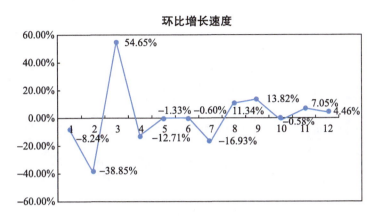

图 6-18　环比增长速度折线图二

4. 饼图

将一个整体分成若干部分，每个部分所占的比重，一般用饼图表示。结构相对数一般用饼图展现。

（1）简单饼图。

1）在本书配套教学素材中找到并打开"饼图统计表"，选择数据区域，插入"二维饼图"中的第 1 个。

2）选中饼图并右击，选择"添加数据标签"，选择"设置数据标签格式"命令，选择"标签选项"，勾选"类别名称"和"值"复选框。

3）修改图标标题。最后结果如图 6-19 所示。

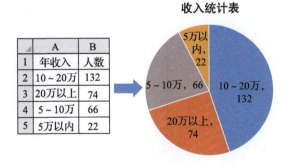

图 6-19　收入统计图

（2）复合条饼图。制作饼图时，有时会遇到这种情况：饼图中的一部分数值的占比较小，将其放在同一个饼图中难以看清这些数据，这时使用复合条饼图就可以提高小百分比数据的可读性。

1）在本书配套教学素材中找到并打开"复合饼图统计表"，选择数据区域，插入"复合条饼图"，就可以得到如图 6-20 所示的复合条饼图。

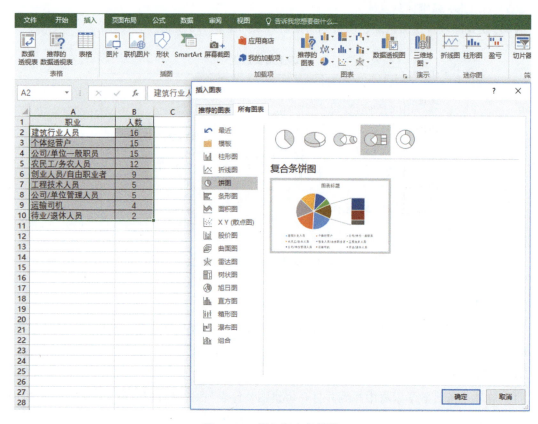

图 6-20 插入复合条饼图

2）选中饼图并右击，选择"设置数据系列格式"命令，选择"系列选项"，设置"系列分割依据"为"位置"；设置"第二绘图区中的值"为 5，如图 6-21 所示。

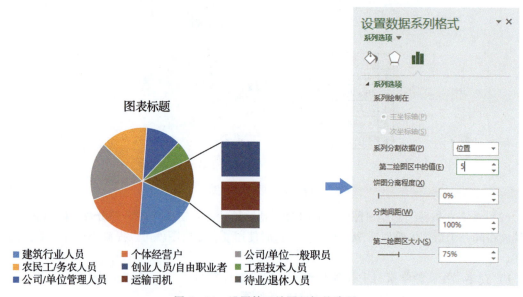

图 6-21 设置第二绘图区相关选项

3)单击"设计"选项卡→"快速布局"按钮,选择"布局1"。
4)单击"设计"选项卡,在"图表样式"组中选择"样式8"。
5)修改图表标题,调整数据标签的位置,选择合适的字号及字体颜色,最后的效果如图6-22所示。

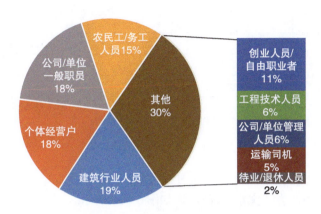

图6-22 复合条饼图最终效果

6.2.2 进阶统计图表

1. 股价图

股价图用来显示股价的波动,也可用于展示其他波动性数据,如使用股价图来显示每天或每年温度的波动。

(1)在本书配套教学素材中找到并打开"股价图统计表"(如图6-23所示),选择数据区域,单击"插入"选项卡→"瀑布图或股价图"按钮,选择股价图中的第2个(开盘—盘高—盘低—收盘图),这种股价图要求数据必须按"开盘—最高—最低—收盘"依次排列,得到股价图,如图6-24所示。

	A	B	C	D	E
1	日期	开盘	最高	最低	收盘
2	3/2	26.37	6.67	24.76	26.37
3	3/9	26.37	26.93	23.90	25.43
4	3/16	26.12	27.45	25.98	26.32
5	3/23	26.32	26.77	23.80	24.23
6	3/30	24.35	24.55	22.33	24.53
7	4/6	24.69	24.69	21.88	22.53
8	4/13	22.23	24.30	21.44	21.65
9	4/20	21.74	22.12	19.62	20.90
10	4/27	21.93	23.42	19.47	20.19
11	5/4	20.39	20.85	19.25	20.31
12	5/11	19.94	20.23	17.99	19.39
13	5/18	19.46	21.42	19.39	20.93
14	5/25	20.93	21.62	20.23	20.88
15	6/1	20.43	21.13	19.85	20.83
16	6/8	20.85	21.42	17.71	17.85
17	6/15	17.74	17.97	13.77	15.00
18	6/22	15.08	15.92	13.17	13.34
19	6/29	12.96	14.23	11.41	11.87
20	7/6	11.87	12.70	9.73	12.70
21	7/13	12.60	14.28	10.42	10.96

图6-23 股价数据

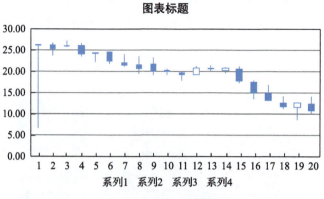

图6-24 插入股价图

（2）将纵坐标"最小值"改为10，如图6-25所示。
（3）将横坐标类型改为"文本坐标轴"，如图6-26所示。

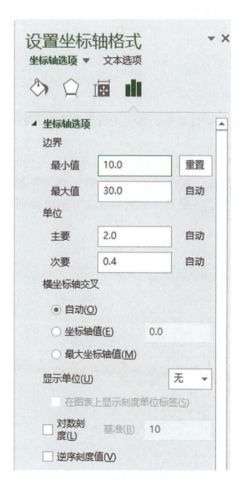

图6-25 修改纵坐标最小值

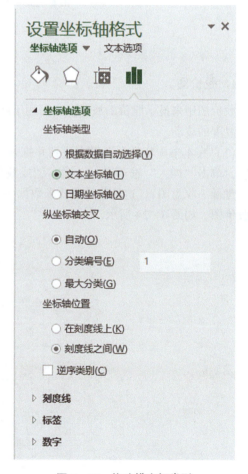

图6-26 修改横坐标类型

（4）删除图例，修改标题，使用图表样式"样式8"，效果如图6-27所示。

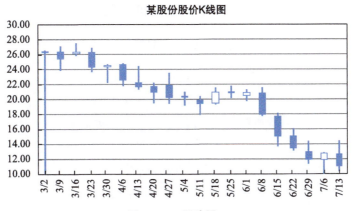

图6-27　股价图二

股价图解读：

（1）股价图由一根线段和一个矩形柱组成。线段最高点表示最高价，最低点表示最低价。

（2）矩形分涨柱（空心柱）和跌柱（实心柱）两种，涨柱的底部为开盘价、顶部为收盘价，跌柱的顶部为开盘价、底部为收盘价。

（3）当"开盘价＝收盘价＝最高价＝最低价"时，股价呈一根水平的横线"—"；当"开盘价＝收盘价，但最高价≠最低价"时，股价呈现十字形。

2. 雷达图

雷达图也称为网络图、蜘蛛图、蜘蛛网图、不规则多边形、极坐标图或Kiviat图。轴的相对位置和角度通常是无信息的。

雷达图可用于不同项目在多个指标上的对比，也可用于多个指标在不同时间状态下的前后对比。

（1）在本书配套教学素材中找到并打开"雷达图统计表"，选择数据区域，单击"插入"选项卡→"曲面图或雷达图"按钮，选择"雷达图"中的第1个，效果如图6-28所示。

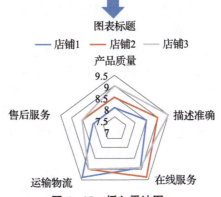

图6-28　插入雷达图

（2）将坐标轴最小值设置为7，最大值设置为10。

（3）修改图表标题，调整合理配色，最后效果如图6-29所示。

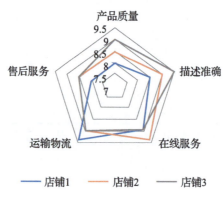

图6-29 雷达图的最后效果

课后练习

1．选择题

（1）统计表中一般不包括（　　）。
  A．总标题　　　　　　　　　　　　B．统计数据
  C．行、列标题　　　　　　　　　　D．统计分析结论

（2）统计表的类别不包括（　　）。
  A．简单表　　　　　　　　　　　　B．分组表
  C．复合表　　　　　　　　　　　　D．文本表

（3）常见的统计图表有多种，分别用于各种应用场合，其中（　　）展示了数据的变化情况和趋势。
  A．饼图　　　　　　　　　　　　　B．条形图
  C．折线图　　　　　　　　　　　　D．雷达图

（4）数据图表的设计标准不包括（　　）。
  A．合理安排统计表的结构
  B．表头一般应包括表号、总标题和表中数据的单位等内容
  C．表中所有线条必须粗细一致
  D．如果表中的全部数据都是同一计量单位，可放在表的右上角标明

（5）某公司为了直观比较下属6个部门上季度的销售额，宜用（　　）来展现。
  A．雷达图　　　　　　　　　　　　B．柱形图
  C．折线图　　　　　　　　　　　　D．散点图

（6）为比较甲、乙、丙三种计算机分别在品牌、中央处理器、内存、硬盘、价格、售后服务六个方面的评分情况，宜选用（　　）图表展现。
  A．柱形图或雷达图　　　　　　　　B．折线图或雷达图
  C．折线图或饼图　　　　　　　　　D．饼图或柱形图

(7) 一个整体分成若干部分，表示每个部分所占的比重，一般用（　　）展现。
    A. 柱形图   B. 折线图
    C. 饼图   D. 散点图
(8) 为展示某企业 5 个部门上半年计划销售额与实际销售额情况，宜采用（　　）展现。
    A. 堆积折线图   B. 分离型饼图
    C. 带平滑线的散点图   D. 簇状柱形图

2．操作题

(1) 2019 年京东空气净化器十大品牌销量统计资料如表 6－4 所示，源文件为"统计图. xlsx"中的"线柱双轴图"工作表（见本书配套教学素材）。请在主坐标轴上将销售量绘制成柱形图，在次坐标轴上将环比增长速度绘制成折线图，效果如图 6－30 所示。

表 6－4　2019 年京东空气净化器销量统计　　　　　　　（单位：台）

时　　间	销售量	环比增长速度
1 月	30795	
2 月	33986	110.4%
3 月	87302	256.9%
4 月	47597	54.5%
5 月	49594	104.2%
6 月	120412	242.8%
7 月	58278	48.4%
8 月	55142	94.6%
9 月	63783	115.7%
10 月	55001	86.2%
11 月	203327	369.7%
12 月	139091	68.4%

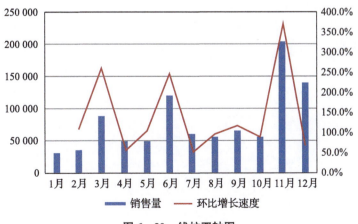

图 6－30　线柱双轴图

(2)某高校 2019 届毕业生就业分布情况如表 6-5 所示,源文件为工作簿"统计图.xlsx"中的"复合条饼图"工作表(见本书配套教学素材)。请将数据绘制成图 6-31 所示的复合条饼图,其中占比较大的放在饼图中,占比小于 5% 的放在条形图中。

表 6-5 某高校 2019 届毕业生就业分布情况

行　业	人数（人）
商业	300
金融	280
计算机	200
房地产	25
党政机关	20
教育	50
法律	40
自主创业	30

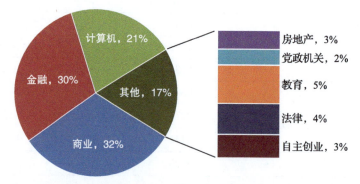

图 6-31　就业分布占比条饼图

第 7 章
撰写分析报告

7.1 分析报告概述

数据分析的最后一个步骤就是撰写分析报告。分析报告是数据分析项目的结果展示，是数据分析结果的有效承载形式。通过报告，可以把数据分析的起因、过程、结果及建议完整地呈现出来。数据分析报告也是一种沟通与交流的形式，主要在于将分析的结果、可行性建议以及其他有价值的信息传递给决策者，从而让决策者做出正确的理解、判断和决策。一份思路清晰、言简意赅的分析报告能直戳问题点，提高沟通效率。我们一般用 Word 或 PowerPoint 来制作数据分析报告。

7.1.1 分析报告的作用

数据分析报告主要有三个方面的作用，即展示分析结果、验证分析质量，以及为决策者提供参考依据。

（1）展示分析结果：分析报告以某一种特定的形式将数据分析结果清晰地展示给决策者，使他们能够迅速理解所分析问题的基本情况、结论与建议等内容。

（2）验证分析质量：通过分析报告中对数据分析方法的描述、对数据结果的处理与分析等几个方面来验证数据分析的质量，并让决策者感受到整个数据分析过程是科学并且严谨的。

（3）为决策者提供参考依据：虽然做数据分析的人往往是没有决策权的工作人员，但分析报告的结论与建议会被决策者重点阅读，为决策者做最终决策提供参考依据。

7.1.2 分析报告的类型及特点

由于数据分析报告的对象、内容、时间、方法等有所不同，因而存在着不同类型的报告。常用的数据分析报告有专题分析报告、综合分析报告、日常数据通报等。

1. 专题分析报告

专题分析报告是对社会经济现象的某一方面或某一个问题进行专门研究的一种数据分析报告，它的主要作用是为决策者制定某项政策、解决某个问题提供决策参考和依据。专题分析报告具有以下两个特点：

（1）单一性。专题分析报告不要求反映事物的全貌，主要针对某一方面或某一个问题进行分析，如用户流失分析、提升用户消费分析、提升企业利润率分析等。

(2) 深入性。由于专题分析报告内容单一、重点突出，因此便于集中精力抓住主要问题进行深入分析。它不仅要对问题进行具体描述，还要对引起问题的原因进行分析，并且提出切实可行的解决办法。这就要求对公司业务的认知有一定的深度，由感性上升至理性，切忌蜻蜓点水、泛泛而谈。

2. 综合分析报告

综合分析报告是全面评价一个地区、单位、部门业务或其他方面发展情况的一种数据分析报告，如世界人口发展报告、全国经济发展报告、某企业运营分析报告。综合分析报告具有以下两个特点：

(1) 全面性。综合分析报告反映的对象，无论是一个地区、一个部门还是一个单位，都必须以这个地区、这个部门、这个单位为分析总体，站在全局的高度，反映总体特征，做出总体评价，得出总体认识。在分析总体现象时，必须全面、综合地反映对象各个方面的情况。

(2) 联系性。综合分析报告要把互相联系的一些现象、问题综合起来进行全面系统的分析。这种综合分析不是对资料的简单罗列，而是在系统地分析指标体系的基础上，考察现象之间的内部联系和外部联系。这种联系的重点是比例关系和平衡关系，分析研究它们的发展是否协调、是否适应。因此，从宏观角度反映指标之间关系的数据分析报告一般属于综合分析报告。

3. 日常数据通报

日常数据通报是以定期数据分析报表为依据，反映计划执行情况，并分析影响和形成原因的一种数据分析报告。这种数据分析报告一般是按日、周、月、季、年等时间阶段定期撰写的，所以也称定期分析报告。

日常数据通报可以是专题性的，也可以是综合性的。这种分析报告的应用十分广泛，各个企业、部门都在使用。日常数据通报具有以下三个特点：

(1) 进度性。由于日常数据通报主要反映计划的执行情况，因此必须把计划执行的进度与时间的进展结合起来分析，观察比较两者是否一致，从而判断计划完成的情况。为此，需要进行一些必要的计算，通过一些绝对数和相对数指标来突出进度。

(2) 规范性。日常数据通报基本上成为数据分析部门的例行报告，定时向决策者提供。所以这种分析报告就形成了比较规范的结构形式，一般包括以下几个基本部分：反映计划执行的基本情况、分析完成或未完成的原因、总结计划执行中的成绩和经验、找出存在的问题、提出措施和建议。这种分析报告的标题也比较规范，一般变化不大，有时为了保持连续性，标题只变动一下时间，如《××月××日业务发展通报》。

(3) 时效性。由日常数据通报的性质和任务决定，它是时效性最强的一种分析报告。只有及时提供业务发展过程中的各种信息，才能帮助决策者掌握企业经营的主动权，否则将会丧失良机。

对大多数公司而言，以上这些报告主要通过 Word、Excel 和 PowerPoint 系列软件来表现，以这三种软件表现的报告各自的优劣势和适用范围如表 7-1 所示。

表7-1 不同表现形式报告的优劣势和适用范围

项 目	Word	Excel	PowerPoint
优势	易于排版 可打印装订成册	可含有动态图标 结果可实时更新 交互性更强	可加入丰富的元素 适合演示汇报 增强展示效果
劣势	缺乏交互性 不适合演示汇报	不适合演示汇报	不适合大篇文字
适用范围	综合分析报告 专题分析报告 日常数据通报	日常数据通报	综合分析报告 专题分析报告

7.2 分析报告的结构、撰写原则及注意事项

7.2.1 分析报告的结构

数据分析报告确实有特定的结构，但是这种结构并非一成不变。根据不同的撰写人员、不同的汇报对象、不同的研究对象、不同性质的数据分析，最后产生的报告可能会有不同的结构。最常用的报告结构还是"总—分—总"结构，它主要包括开篇、正文和结尾三大部分。

在数据分析报告中，"总—分—总"结构的开篇部分包括标题、目录和前言（主要包括分析背景、目的与思路）；正文部分主要包括具体分析过程与结果；结尾部分包括结论、建议及附录。

1. 标题

标题页需要写明报告的题目，题目要精简干练，要求在一两行内。标题是一种语言艺术，好的标题不仅可以表现数据分析的主题，而且能够激发读者的阅读兴趣，因此需要重视标题的撰写，以增强其艺术表现力。

（1）标题常用的类型。

1）解释基本观点。这类标题往往用观点句来表示，点明数据分析报告的基本观点，如"不可忽视高价值客户的保有""语音业务是公司发展的重要支柱"等。

2）概括主要内容。这类标题重在叙述数据反映的基本事实，概括分析报告的主要内容，让读者能抓住全文的中心，如"我公司销售额比去年增长30%""2010年公司业务运营情况良好"等。

3）交代分析主题。这类标题反映分析的对象、范围、时间、内容等情况，并不点明分析师的看法和主张，如"发展公司业务的途径""2010年运营分析""2010年部门业务对比分析"等。

4）提出问题。这类标题以设问的方式提出报告所要分析的问题，引起读者的注意和思考，如"客户流失到哪里去了""公司收入下降的关键何在""1500万利润是怎样获得的"。

（2）标题的撰写要求。

1）直接。数据分析报告是一种应用性较强的文体，它直接用来为决策者的决策和管理服

务,所以标题必须用毫不含糊的语言,直截了当、开门见山地表达基本观点,让读者一看标题就能明白数据分析报告的基本精神,加快对报告内容的理解。

2)确切。标题的撰写要做到文题相符、宽窄适度,恰如其分地表现分析报告的内容和对象的特点。

3)简洁。标题要直接反映数据分析报告的主要内容和基本精神,就必须具有高度的概括性,用较少的文字集中、准确、简洁地进行表述。

4)艺术性。标题的撰写除了要符合直接、确切、简洁三点基本要求,还应力求鲜明活泼、独具特色、具有艺术性。要使标题具有艺术性,就要抓住对象的特征展开联想,适当运用修辞手法给予突出和强调,如"我的市场我做主""我和客户有个约会"等。有时,报告的作者也要在题目下方出现,或者在报告中要给出所在部门的名称。为了将来方便参考,完成报告的日期也应当注明,这样能够体现出报告的时效性。

2. 目录

目录可以帮助读者方便地找到所需的内容,因此,要在目录中列出报告主要章节的名称。如果是在 Word 中撰写报告,在章节名称后面还要加上对应的页码,对于比较重要的二级目录,也可以将其列出来。所以,从另一个角度说,目录相当于数据分析大纲,它可以体现报告的分析思路。但是目录也不要太过详细,因为这样阅读起来让人觉得冗长并且耗时。此外,通常公司或企业的高层管理人员没有时间阅读完整的报告,他们仅对其中一些以图表展示的分析结论有兴趣,因此,当书面报告中没有大量图表时,可以考虑将各章图表单独制作成目录,以便日后更有效地使用。

3. 前言

前言的写作一定要经过深思熟虑,前言内容是否正确,对最终报告是否能解决业务问题,是否能够给决策者决策提供有效依据起决定性作用。前言是分析报告的一个重要组成部分,主要包括分析背景、目的及思路三方面。

(1)分析背景。对数据分析背景进行说明,主要是为了让报告阅读者对整个分析研究的背景有所了解。这部分内容主要阐述此项分析的主要原因、分析的意义以及其他相关信息,如行业发展现状等内容。

(2)分析目的。数据分析报告中陈述分析的目的是让报告的阅读者了解开展此次分析能带来何种效果,可以解决什么问题。在实际写作中,有时将研究背景和分析目的合二为一。

(3)分析思路。分析思路用来指导数据分析师进行一个完整的数据分析,即确定需要分析的内容或指标。这是分析方法论中的重点,也是很多人常常感到困惑的问题。只有在营销、管理理论的指导下,才能确保数据分析维度的完整性、分析结果的有效性及正确性。

4. 正文

正文是数据分析报告的核心部分,它将系统全面地表述数据分析的过程与结果。撰写正文报告时,应根据之前分析思路中确定的每项分析内容,利用各种数据分析方法,一步步地展开分析,通过图表及文字相结合的方式,形成报告正文,方便阅读者理解。正文通过展开论题,对论点进行分析论证,表达报告撰写者的见解和研究成果的核心部分,因此正文占分析报告的绝大部分篇幅。一篇报告只有想法和主张是不行的,必须经过科学严密的论证,才能确认观点的合理性和真实性，才能使别人信服。因此，报告主题部分的论证是极为重要的。报告正文具有以下几个特点：是报告最长的主体部分，包含所有数据分析事实和观点，通过数据图表和相关的文字结合分析，正文各部分具有逻辑关系。我们通常运用金字塔原理来组织报告，比如整个报告的核心观点是什么，核心又由哪些子观点构建，支持每个子观点的数据是什么。

5. 结论与建议

结论是以数据分析结果为依据得出的，通常以综述性文字来说明。它不是分析结果的简单重复，而是结合公司实际业务，经过综合分析、逻辑推理形成的总体论点。结论是去粗取精、由表及里而抽象出的共同、本质的规律，它与正文紧密衔接，与前言相呼应，使分析报告首尾呼应。结论应该措辞严谨、准确、鲜明。建议根据数据分析结论对企业或业务等所面临的问题提出改进的方法，建议主要关注保持优势及改进劣势等方面。因为分析人员所给出的建议主要是基于数据分析结果而得到的。结论会存在局限性，因此必须结合公司的具体业务才能得出切实可行的建议。

6. 附录

附录是数据分析报告的一个重要组成部分。一般来说，附录提供正文中涉及而未予阐述的有关资料，有时也含有正文中提及的资料，从而向读者提供一条深入数据分析报告的途径。它主要包括报告中涉及的专业名词解释、计算方法、重要原始数据、地图等内容。每个内容都需要编号，以备查询。当然并不是要求每篇报告都有附录，附录是数据分析报告的补充，并不是必需的，应该根据各自的情况决定是否需要在报告结尾处添加附录。

7.2.2 分析报告的撰写原则

分析报告是整个分析过程的成果，是评定一个产品、一个运营事件的定性结论，很可能是产品决策的参考依据。

一份完整的数据分析报告，应当围绕目标确定范围，遵循一定的前提和原则，系统地反映存在的问题及原因，从而进一步找出解决问题的方法。撰写分析报告需要遵循以下四个原则：

（1）规范性。数据分析报告中所使用的名词术语一定要规范，标准统一，前后一致，要与业内公认的术语一致。

（2）重要性。数据分析报告一定要体现数据分析的重点，在各项数据分析中，应该重点选取关键指标，科学地进行分析。此外，针对同一类问题，其分析结果也应当按照问题重要性的高低来分级阐述。

（3）谨慎性。数据分析报告的编制过程一定要谨慎，基础数据必须真实、完整，分析过程必须科学、合理，分析结果要可靠，内容要实事求是。

（4）创新性。当今科学技术的发展可谓日新月异，许多科学家也提出各种新的研究模型或者分析方法。数据分析报告需要适时地引入这些内容，一方面可以用实际结果来验证或改进它们，另一方面也可以让更多的人了解全新的科研成果，使其发扬光大。

7.2.3 分析报告的注意事项

（1）分析结论要明确、精简、有逻辑性。如果没有明确的结论，整个数据分析工作就失去了意义。很多时候分析就是为了发现问题，如果一个分析能发现一个重大问题，就达到目的了。精简的结论也容易让阅读者接受，降低阅读者的阅读心理门槛。不要有猜测性的结论，太主观的东西缺乏说服力，一定要遵循"发现问题—总结问题原因—解决问题"这样一个流程来写，逻辑性强的分析报告层次明了、架构清晰，能让阅读者一目了然、容易读懂。

（2）数据分析报告尽量图表化，用图表代替大量堆砌的数字会有助于人们更形象、更直观地看清楚问题和结论。图文并茂可以令数据更加生动活泼，增强视觉冲击力，有助于阅读者更形象、直观地看清楚问题和结论，从而产生思考。

制作图表时，需要保证基本的美观度，风格要统一。例如一些常识性的配色：餐饮类用暖色调，如橘色、红色、黄色。国际贸易类用蓝色、灰色、雾蓝色、灰绿色等。社会人文类按照感情颜色进行配色，如较严峻的社会问题要用灰色、深蓝色；较喜庆的事件使用红色、绿色、黄色；具体可按需搭配对比色和互补色等。

（3）一切分析都要以数据来说话。好的分析一定要基于可靠的数据，很多时候收集数据会占据更多的时间，包括规划定义数据、协调数据上报、让开发人员提取正确的数据或者建立良好的数据体系平台等，最后才在收集到的可靠数据基础上做分析。

一切正确的结论都要以正确的数据为基础，所以要保证收集到的数据的正确性，否则从源头开始出错，后面的一系列工作都将变成无用功。

（4）要确保分析报告的针对性。每个人都有自己的阅读习惯和思维方式，因此撰写分析报告时，应避免只按照自己的思维逻辑来写。应充分考虑阅读者的身份，希望通过分析报告了解的信息，从阅读者的角度来撰写的分析报告，才是一份合格的分析报告。

课后练习

1．选择题

（1）数据分析项目完成后，一般要撰写工作总结和数据分析报告。数据分析报告中应包括（　　）。
　　A．经费的使用情况　　　　　　　　B．项目组各成员的分工和完成情况
　　C．计划进度和实际完成情况　　　　D．数据分析处理方法和数据分析结论

（2）数据分析报告的作用不包括（　　）。
　　A．展示分析结果　　　　　　　　　B．验证分析质量
　　C．论证分析方法　　　　　　　　　D．为决策者提供参考依据

（3）某企业需要撰写并发布某种产品市场情况的调查报告，以下各项中，除（　　）外都是对撰写调查报告的原则性要求。
　　A．规范性　　　　　　　　　　　　B．创新性
　　C．重要性　　　　　　　　　　　　D．前瞻性

（4）数据分析报告的质量要求中不包括（　　）。
　　A．结构合理，逻辑清晰　　　　　　B．实事求是，反映真相
　　C．篇幅适宜，简洁有效　　　　　　D．像一篇高水平的论文

2．综合题

做一个关于大学生兼职情况的调查分析，并撰写分析报告。

参 考 文 献

［1］宁赛飞，李小荣. 数据分析基础［M］. 北京：人民邮电出版社，2018.
［2］刘亚男，谢文芳，李志宏. Excel 商务数据处理与分析［M］. 北京：人民邮电出版社，2019.
［3］施尼德詹斯，等. 商业数据分析：原理、方法与应用［M］. 王忠玉，王天元，王伟，译. 北京：机械工业出版社，2018.
［4］杨从亚，邹洪芬，斯燕. 商务数据分析与应用［M］. 北京：中国人民大学出版社，2019.
［5］吴洪贵. 商务数据分析与应用［M］. 北京：高等教育出版社，2019.
［6］沈凤池. 商务数据分析与应用［M］. 北京：人民邮电出版社，2019.
［7］胡华江，杨甜甜. 商务数据分析与应用［M］. 北京：电子工业出版社，2018.
［8］邵贵平. 电子商务数据分析与应用［M］. 北京：人民邮电出版社，2018.